1 | Bergbahnen

Auffahrt ab Kornmarkt alle 10 Minuten
Sommer 9–20 Uhr, Winter 9–17.10 Uhr

Die Bergbahnen sind nicht nur ein Transportmittel, sondern selbst eine Sehenswürdigkeit. Sie sind als baden-württembergische Kulturdenkmale von besonderer Bedeutung ausgewiesen und transportieren jährlich mehr als eine Million Passagiere zum Heidelberger Schloss. Vom Kornmarkt aus überwinden sie 471 Meter Steilhang zur Station Molkenkur. 1020 Streckenmeter weiter oben gelangt man zum **Königstuhl**. Die an der steilsten Stelle um 43 Prozent ansteigende untere Bergbahn lief seit 1890 als Drahtseil-Zahnstangenbahn und wurde mit Wasserballast angetrieben: Jeder Wagen enthielt einen Kasten, der jeweils in der oberen Position mit acht Kubikmetern Wasser befüllt wurde und durch sein Gewicht beim Abwärtsfahren einen Partnerwagen hochzog. Das Wasser wurde mit Hilfe einer Dampfmaschine hochgepumpt. Die obere Strecke Molkenkur–Königstuhl wurde 1907 eröffnet und von Anfang an elektrisch angetrieben. Seit 1961 verkehrt die untere Bahn mit neuen Wagen als Standseilbahn ohne Zahnrad.

Königstuhl
Der Heidelberger Hausberg oberhalb des Schlosses, auf 567,8 Höhenmetern gelegen und sieben Kilometer Luftlinie von der Altstadt entfernt, bietet sich als klassischer Sonntagsausflug, als Fitnessziel, als Start für Wandertouren oder als Freizeitparadies an. Man erreicht ihn bequem mit der Bergbahn oder schweißtreibend über die 1844 vom Molkenkurweg aus in den Berg geschlagenen 1200 Sandsteinstufen. Vom Königstuhl aus eröffnen sich diverse Wanderwege. Beliebte Attraktionen für Familien sind der Freizeitpark Märchenparadies, der Walderlebnispfad, die Falknerei Tinnunculus und die Landessternwarte.

- 1 Bergbahnen
- 2 Schloss
- 3 Stückgarten
- 3a Westtor
- 3b Elisabethentor
- 3c Dicker Turm
- 3d Englischer Bau
- 4 Torturm
- 4a Brückenhaus
- 5 Ruprechtsbau
- 6 Bibliotheksbau
- 7 Frauenzimmerbau
- 8 Fassbau
- 9 Großer Altan
- 9a Glockenturm
- 9b Zeughaus
- 10 Friedrichsbau
- 11 Gläserner Saalbau
- 12 Ottheinrichsbau
- 13 Apothekenmuseum
- 13a Apothekerturm
- 14 Südliche Schlossbauten
- 14a Ludwigsbau
- 14b Ökonomiebau
- 14c Brunnenhalle
- 14d Krautturm

2 | Heidelberger Schloss

Schlosshof, Altan, Fasskeller 9–18 Uhr
Innenräume nur mit Führung Apr.–Okt.: Mo–Fr 11, 12, 14, 15, 16 Uhr, Sa/So stündlich 11–16 Uhr;
Nov.–März: Mo–Fr 11, 14, 15 Uhr, Sa/So 11, 12, 14, 15 Uhr

Die Schlossruine aus rotem Neckarsandstein und die Schlossgärten hoch über dem Neckartal und der Heidelberger Altstadt gehören mit mehr als einer Million Besuchern jährlich zu den beliebtesten Sehenswürdigkeiten Deutschlands und sind das Ziel von Touristen aus aller Welt. Wesentlichen Anteil an der hohen Popularität des Ensembles hat seine Bedeutung für die Entstehung und Wirkung der Deutschen Romantik an der Wende zum 19. Jahrhundert in Literatur, Malerei und Musik. Ein »castrum Heidelberg« wird erstmals 1180 erwähnt, urkundlich belegt ist eine Burg 1225, seit 1303 sogar zwei Burgen. Die obere Burg an der heutigen Bahnstation Molkenkur brannte 1537 durch einen Blitzschlag ab. 500 Jahre unterhielten die Pfalzgrafen und die Kurfürsten von der Pfalz in exponierter Höhenlage eine repräsentative Residenz. Der um 1400 errichtete Ruprechtsbau ist die älteste erhaltene Wohnstätte im Schlosshof. Die neueren Bauten aus der

Elisabethentor

Der **Pfälzische Erbfolgekrieg** (1688–1697) stand unter dem Zeichen der Reunionspolitik des französischen Königs Ludwig XIV. Dessen Bruder, Herzog Philipp von Orléans, war mit Liselotte von der Pfalz verheiratet. Die Krone verlangte deshalb seit 1685 das »rechtmäßige« pfälzische Erbe der Prinzessin. Dieser Konflikt war Anlass und Beginn eines europaweiten Krieges. Die Pfalz war 1688 ohne Kriegserklärung vom französischen Militär besetzt worden. Auf ihrem Rückzug vor kursächsischen Truppen brannten die Soldaten 1689 und 1693 die Stadt nieder und sprengten große Teile des Heidelberger Schlosses.

Zeit vom 16. Jahrhundert bis zum Beginn des Dreißigjährigen Krieges zählen zu den bedeutendsten Beispielen der Renaissance-Architektur nördlich der Alpen. Das Schloss wurde 1689 im **Pfälzischen Erbfolgekrieg** zum Teil zerstört und 1693 wesentlich niedergebrannt und zertrümmert, die Anlage blieb eine Ruine. In den 1880er Jahren entbrannte zwischen Ruinen-Romantikern und nationalpolitischen Kreisen der sogenannte Denkmalstreit. Anlass war die Baufälligkeit der seit 200 Jahren unveränderten Schlossruine. Sollte man das Schloss historisierend in seinem ursprünglichen Zustand rekonstruieren und zu einem nationalen Denkmal erheben? Oder sollte man der Meinung des namhaften deutschen Kunsthistorikers Georg Dehio und dessen Motto »Konservieren, nicht restaurieren« folgen? Zunächst restaurierte der Architekt Carl Schäfer ab 1893 die Fassade des Friedrichsbaus und stattete das Innere mit Stuckdecken und Türgewänden im Neorenaissance-Stil aus. Weitere Wiederaufbauten unterblieben allerdings. Diejenigen Denkmalschützer, die aus dem Schloss kein nationales Denkmal im Sinne einer politischen Machtdemonstration Deutschlands machen wollten, setzten sich durch. Bis heute gilt diese Linie der Bauhistoriker, die sich auf eine Bestandserhaltung der Ruine beschränkt, als verbindlich.

3 | Stückgarten

Die meisten Besucher betreten die Schlossanlage durch das **Westtor** von der Neuen Schlossstraße aus. Der eigentlichen Anlage vorgelagert, führt linker Hand das **Elisabethentor** zum Stückgarten. Das Tor hatte »Winterkönig« Kurfürst Friedrich V. 1615 seiner Gattin Elisabeth Stuart, Tochter des englischen Königs Jakob I., geschenkt. Von der Terrasse des Stückgartens, der zunächst als Geschützbatterie angelegt und später von der Pfalzgräfin als privater Renaissance-Lustgarten genutzt wurde, eröffnet sich ein wunderschöner Blick über Heidelberg. Im **Hirschgraben** gegenüber überwintern Fledermäuse, weshalb diese Zone und einige andere Verstecke der bedrohten Flugsäuger zeitweise gesperrt sind. Am Ende des Stückgartens steht auf der linken Seite die Ruine des 1533 errichteten **Dicken Turms**, einst eines der massivsten Rondell-Bollwerke in Europa. Der 16-eckige Unterbau diente im höfischen Gesellschaftsleben als repräsentativer Fest- und Theatersaal. Neben dem Dicken Turm auf dem Nordwall und damit auch außerhalb der eigentlichen Schlossanlage ragen die Fensterrahmen der dachlosen Ruine des **Englischen Baus** in den Himmel, der ab 1612 als prächtiger Wohnpalast errichtet wurde.

»Winterkönig« lautete der Spottname von Kurfürst Friedrich V. (1596–1632) seit seiner Krönung zum König von Böhmen. Seine Regierungszeit werde nur einen Winter dauern, prognostizierten die kaiserlichen Widersacher 1619. Der Pfalzgraf führte die protestantisch-fürstliche Union an. Mit seiner Kandidatur unterstützte er indirekt die böhmischen Aufstände, provozierte den katholischen Kaiser Ferdinand II. und trug zum Ausbruch des Dreißigjährigen Krieges bei. Nach dem Sieg der kaiserlichen Truppen 1620 lebte Friedrich V. im niederländischen Exil.

Terrasse des Stückgartens, im Hintergrund die Ruine des Englischen Baus

4 | Torturm

Durch **Brückenhaus** und Torturm gelangt man in den Schlosshof. Vom 1531–1541 errichteten Torturm aus wurde bis 1805 eine zweite Zugbrücke bedient (die erste lag über einem Wassergraben vor dem vorderen Wachhaus), ebenso ein Fallgitter über der Durchfahrt. Vom Graben bis zum geschweiften Dach aus der Barockzeit erreichte der Turm eine Höhe von 52 Metern, ohne Graben 40 Meter. Dieser Hauptzugang der Schlossanlage trug an der Außenfassade über dem Torbogen ein vermutlich vergoldetes kurpfälzisches Wappen, das nicht mehr existiert, im Gegensatz zur erhaltenen Wappenwache, den »Torriesen« links und rechts der Wappenlücke. Der Torturm ist der einzige unzerstörte Einzelbau der Anlage.

5 | Ruprechtsbau

Der älteste und schlichteste Wohnbau des Komplexes geht auf Kurfürst Ruprecht III. zurück, einen Wittelsbacher, der 1401 in Köln zum römisch-deutschen König Ruprecht I. gekrönt wurde. An der Fassade des Ruprechtsbaus ist sein Wappenrelief mit Reichsadler, pfälzischem Löwen und Wittelsbacher Rauten abgebildet. Vollendet wurde das ursprünglich eingeschossige gotische Gebäude nach Ruprechts Tod um 1425 unter seinem kurfürstlichen Nachfolger Ludwig III., der den Schlossausbau mit einem großen Teil der Mitgift seiner Gattin finanzierte, der Prinzessin Blanka von England. Der Bau wird zumindest in Teilen dem Frankfurter Steinmetz und Stadtbaumeister Madern Gerthener zugeschrieben. Der untypische Schlussstein im Hauptportal, ein Relief mit zwei Engeln, die einen Zirkel und einen Blütenkranz halten, verweist wohl auf ihn. Ob es sich bei den Engeln um Gertheners Kinder handelt, die während der Bauarbeiten verunglückten, ist nicht geklärt. In den beiden Räumen im Erdgeschoss, die im Spätmittelalter als Speisesäle dienten, sind Exponate aus der Geschichte und bauhistorische Modelle ausgestellt. Den Renaissance-Kamin ließ Friedrich II. 1546 zu Ehren seiner Gattin Dorothea von Dänemark errichten.

Die **Heidelberger Romantik** war eine kurze literaturgeschichtliche Epoche und ist mit berühmten Namen von Dichtern verknüpft, die sich zu Beginn des 19. Jahrhunderts in Heidelberg aufhielten. Dazu zählen Joseph von Eichendorff, Achim von Arnim, Clemens Brentano, Friedrich Hölderlin, ebenso Wissenschaftler wie Friedrich Creuzer und Joseph Görres. Die Romantiker wollten »Altes« retten – Objekte, Ruinen, Volksgut. Deshalb sammelten Brentano und von Arnim (teilweise gemeinsam mit den Brüdern Grimm) deutsche Lieder, Märchen und Sagen für die dreibändige Anthologie »Des Knaben Wunderhorn«. Viele dieser Volkslieder sind bis heute bekannt, manche wurden von Komponisten wie Brahms und Mahler vertont.

Portal am Ruprechtsbau

Heidelberger Schlossfestspiele
1926 wurde das Freiluftfestival im romantischen Ambiente des Schlosshofes erstmals mit einer Inszenierung des »Sommernachtstraums« von William Shakespeare veranstaltet und war von da an ein jährlicher Höhepunkt des Heidelberger und nordbadischen Kulturlebens. Nach einer längeren, finanziell- und kriegsbedingten Pause wurde das Event 1976 wiederbelebt. Seitdem kann man zwischen Juni und Anfang August nicht nur Schauspielaufführungen in der Schlossruine erleben, sondern auch Oper, Operette, Musical, Tanz, Konzert, Märchen und Jugendtheater.

6 | Bibliotheksbau

Die sich anschließende, auf das Terrain des alten Burggrabens zurückgesetzte, viergeschossige Ruine mit drei Meter dicken Mauern im Erdgeschoss gehört zu den mittelalterlichen Bauwerken, entstanden unter Ludwig V. (ca. 1520–1530). Der Name Bibliotheksbau stammt aus neuerer Zeit, eigentlich handelt es sich um den Herrentafelstubenbau, benannt nach dem fürstlichen Speisesaal im ersten Obergeschoss, einem lichten Raum mit hohen Fenstern unter einem 6,60 Meter hohen Gewölbe, das von einer einzelnen Mittelsäule getragen wird. Historiker interpretieren das Entstehen der Herrentafelstube als Zeichen für das gewachsene Repräsentationsbedürfnis der Fürsten und zugleich für ihren Rückzug von der allgemeinen Hoftafel, die das Mittelalter prägte. Die kurfürstliche Bibliothek soll erst Mitte des 17. Jahrhunderts darin untergebracht worden sein, als andere Gebäude die Funktion der Herrentafelstube übernahmen. In der Lücke vor dem Bibliotheksbau wird im Sommer die Bühne der **Heidelberger Schlossfestspiele** aufgestellt. Der vom Schlosshof aus zu sehende achteckige Kapellenerker wurde unter Kurfürst Ludwig V. von dem kurpfälzischen Hofbaumeister Lorenz Lechler geschaffen.

7 | Frauenzimmerbau

Das ursprünglich dreigeschossige Gebäude entstand um 1510 für Kurfürst Ludwig V., möglicherweise auch schon unter der Ägide seines Vaters Philipp I., der 1508 starb. In den oberen Räumen wohnten Hofdamen des kurfürstlichen Hofes. Der repräsentative Saal im allein erhaltenen Erdgeschoss wurde 1535 zur Hochzeit von Kurfürst Friedrich II. mit Dorothea von Dänemark eingeweiht. Die 550 Quadratmeter große Halle diente zunächst als Hofstube, in der die Mahlzeiten eingenommen wurden, aber auch als erster Festsaal der Schlossanlage und als Versammlungsraum. Die Bezeichnung »Königssaal« erhielt der Raum 1619 nach der Wahl von Friedrich V. zum König von Böhmen. Auch die Hochzeitsfeier von Karl II. mit Wilhelmine Ernestine von Dänemark (1671), an der 4000 Gäste teilgenommen haben sollen, fand im Königssaal statt. Der Wein für die Festivitäten konnte durch Leitungen aus dem Großen Fass nebenan direkt in den Saal gepumpt werden. Mit der Errichtung eines prunkvollen neuen Festsaals im Gläsernen Bau – einst mit venezianischem Spiegelglas verziert – und des Kaisersaals im Ottheinrichsbau verlor der Königssaal seine Funktion als Repräsentationsraum.

Perkeo war ein kleinwüchsiger Hofnarr namens Clemens Pankert (oder Giovanni Clementi) aus Südtirol, den Kurfürst Carl Philipp wegen seiner fröhlichen Schlagfertigkeit 1720 zunächst als Entertainer engagiert hatte. Er stieg schon bald zum Mundschenk und Hüter des Großen Fasses auf und soll selbst äußerst trinkfest gewesen sein. Seinen Spitznamen erhielt er, weil er Angebote weiterer Becher Wein mit der italienischen Frage »perché no?« beantwortete. Ob die Überlieferung stimmt, dass er an einem versehentlich konsumierten Glas Wasser starb, lässt sich nicht mehr überprüfen. Tatsächlich starb er jung mit 33 Jahren. An der Hauptstraße 75 befindet sich eine Porträtplastik (siehe S. 41).

8 | Fassbau

9–18 Uhr

Zwischen Frauenzimmer- und Friedrichsbau führt ein Weg hinab zu einer der beliebtesten Sehenswürdigkeiten des Schlosses, dem Großen Fass. Das heutige Große Fass von 1752 im Untergeschoss des um 1591 im Auftrag des Pfalzgrafen und Kuradministrators Johann Kasimir errichteten Fassbaus ist bereits das vierte Weinfass, es fasst theoretisch 220 000 Liter – theoretisch, weil die Holzkonstruktion undicht ist, sie dient daher nur noch zu Dekorationszwecken. Das erste Große Fass konnte 130 000 Liter Rebensaft aufnehmen, es wurde im Dreißigjährigen Krieg zerstört. Die nächsten beiden Fässer des 17. Jahrhunderts wurden mit 200 000 Litern Wein befüllt. Mit dem Großen Fass ist die Geschichte des Tiroler Hofzwergs **Perkeo** verknüpft, dessen Konterfei als Holzfigur neben dem Großen Fass steht.

9 | Großer Altan

Das Fassbaugebäude selbst ist vom Schlosshof aus nicht zu sehen, dazu muss man sich rechts vom Friedrichsbau auf den rückwärtigen Großen Altan begeben. Von dieser 400 Quadratmeter großen Terrasse aus sieht man die schon in der Bauzeit unmodernen, spätgotisch geformten Fenster des Fassbaus, vielleicht eine Geschmacksentscheidung des Bauherrn. Vom Altan aus hat man nicht nur einen herrlichen Blick auf die Stadt und den Neckar, sondern kann auch die Rückseiten des Friedrichsbaus und des Gläsernen Saalbaus sowie den massiven **Glockenturm** betrachten. Die zerrissene Baugeschichte des wehrhaften und später bewohnten Glockenturms offenbart schon optisch die in Bauphasen zwischen frühem 15. Jahrhundert und 1683 zerstückelte Konstruktion. Dem Glockenturm vorgelagert entstand um 1530 ein **Zeughaus** für Waffen und andere Militaria, dessen Mauer jüngst verstärkend saniert wurde. Seitlich unterhalb des Altans befindet sich eine Torhalle, durch die man auf den Burgweg und fußläufig zur Altstadt gelangt.

Liebe Leserinnen und Leser,
vielen Dank, dass Sie sich für einen Lehmstedt Reiseführer entschieden haben. Wir freuen uns, Ihre Meinung zu erfahren. Bitte schreiben Sie uns, wenn Sie Anregungen, Empfehlungen oder Berichtigungen haben. Gut verwertbare Informationen belohnen wir mit einem kostenfreien Lehmstedt Stadtführer Ihrer Wahl! Vielen Dank!

Ich habe diese Karte folgendem Reiseführer entnommen:

____

❑ Bitte senden Sie mir regelmäßig kostenfrei und unverbindlich die Kataloge Ihrer Neuerscheinungen zu.

Ich möchte gern folgende Bücher aus Ihrem Verlagsprogramm bestellen und bitte um Lieferung gegen Rechnung an die umseitig genannte Adresse.

Anzahl	Autor, Titel

Ab einem Bestellwert von 20 € ist die Lieferung innerhalb Deutschlands versandkostenfrei.

info@lehmstedt.de

Vorname und Name

Straße und Hausnummer

PLZ und Ort

E-Mail-Adresse

Datum und Unterschrift

An den
Lehmstedt Verlag
Hainstraße 1
D–04109 Leipzig

10 | Friedrichsbau mit Schlosskapelle

Der nach seinem Bauherrn Friedrich IV. (Regentschaft 1592–1610) benannte, auffallende Wohnpalast am tiefsten Punkt des Schlosshofes zählt zu den bedeutendsten Objekten der deutschen Hochrenaissance. Der baufreudige Kurfürst ging auch als Gründer der Stadt Mannheim und ihrer Zitadelle Friedrichsburg in die Geschichte der **Kurpfalz** ein. Der Straßburger Stadtbaumeister Johannes Schoch, zwischendurch kurfürstlicher Hofbaumeister in Heidelberg, plante und begleitete die Maßnahme von 1601 bis 1607. Obwohl das Innere zweimal niederbrannte (1693 und 1764), blieb der Baukörper weitgehend im Original erhalten. Anlass des Projekts war vermutlich die Baufälligkeit der alten Burgkapelle, die durch eine größere Schlosskirche nach protestantischen Kriterien mit umlaufender Empore ersetzt wurde; diese nimmt nun das gesamte Erdgeschoss ein. Der Barockaltar mit einer Darstellung der Taufe Christi des flämischen Malers Anthoni Schoonjans entstand um 1700, die Kanzel und die beiden Fürstenlogen sind etwas jünger.

Die der Stadt zugewandte Nordfassade gleicht der Hofseite vollständig, mit Ausnahme der Wittelsbacher Ahnengalerie, welche die Hoffassade schmückt. Der Reigen der 16 Skulpturen beginnt mit einem mittelalterlichen Universalahnen des höfischen Adels, Karl dem Großen, und reicht von Otto von Wittelsbach (geboren 1228) bis zum Bauherrn selbst. Die Statuen, deren Waffen, Rüstungen, Zepter und andere Accessoires ursprünglich vergoldet waren, stammen von dem Schweizer Bildhauer Sebastian Götz. Die Auswahl und Anordnung gekrönter und herausragender Vorfahren soll Friedrich IV. selbst getroffen haben. Es handelt sich um Kopien, die Originalstatuen ließ der Architekt Carl Schäfer, einer der wichtigsten Vertreter des Historismus in Deutschland, bereits um 1900 ins Gebäudeinnere bringen. Zwischen 1895 und 1903 entstand unter Leitung Schäfers ein neuer Dachstuhl mit den beiden Zwerchgiebeln. Schäfer restaurierte auch die einstigen Repräsentationsräume. Er beauftragte regionale Künstler damit, die Holzdecken, Fußböden und Türgewände mit Ornamenten im Stil der Renaissance zu verzieren.

Kurpfalz ist die Abkürzung der politischen Gebietsbezeichnung Kurfürstliche Pfalzgrafschaft bei Rhein mit den Hauptstädten Heidelberg und (ab 1720) Mannheim innerhalb des bis 1803 bestehenden Heiligen Römischen Reiches Deutscher Nation. Die Bezeichnung Kurpfalz wurde 1356 mit der kaiserlichen Goldenen Bulle offiziell. Es handelte sich nicht um ein geschlossenes Territorium, sondern um ein zerrissenes Gebiet am Ober- und Mittelrhein mit Enklaven und Exklaven bis ins Unterelsass, die Oberpfalz, ins Saarland und nach Hessen. Mit Ruprecht I. wurde im Jahr 1400 erstmals ein Pfalzgraf deutscher König. Die Kurpfalz war zwar eine weltliche Herrschaft, aber als Hochburg der Reformation, später des Calvinismus, Schauplatz heftiger kriegerischer Auseinandersetzungen mit der katholischen Liga. Über Jahrhunderte erlebte die Bevölkerung religionsbedingte Spannungen und Zerstörungen. 1688 verließen zahlreiche Familien evangelisch-reformierten Glaubens die Kurpfalz.

Friedrichsbau, rechts Gläserner Saalbau

11 | Gläserner Saalbau

In der Nordostecke des Schlosshofes schließt sich der Gläserne Saalbau an, ein Palast, den Friedrich II. zwischen 1549 und 1555 auf den Grundmauern eines älteren Gebäudes mit einer dreigeschossigen Arkadenfassade im Stil der italienischen Renaissance errichten ließ. Der Kurfürst hatte lange Reisen durch Italien, Frankreich und Spanien unternommen. Anhand eines gotischen Fensters, das in der Ostwand eingemauert ist, lässt sich der Vorgängerbau auf das frühe 13. Jahrhundert datieren. Der namensgebende, mit venezianischem Spiegelglas ausgestattete Gläserne Saal im obersten Stockwerk ist nicht erhalten, auch fehlt das Dach, das beim großen Brand von 1764 zerstört wurde. Ein Teil des Bauwerks wird durch den Ottheinrichsbau verdeckt. Im Jahr 2011 erhielt das erste Obergeschoss eine gläserne Gewölbedecke.

Friedrich IV. in der Ahnengalerie des Friedrichsbaus

12 | Ottheinrichsbau

Kurfürst Ottheinrich von der Pfalz folgte auf Friedrich II., seinen Onkel und einstigen Vormund, den er übertrumpfen wollte. Die Fertigstellung des Gebäudes als einer der ersten Paläste der Frührenaissance in Deutschland, dessen Entwurf Ottheinrich maßgeblich selbst beeinflusste, erlebte er nicht mehr, er starb bereits 1559 nach drei Jahren Amtszeit als Kurfürst und wurde von Kurfürst Friedrich III. als Bauherr abgelöst. Vor allem die imposante Fassade des dreistöckigen Gebäudes, das 1693 durch Sprengungen stark beschädigt und 1764 durch einen Blitzschlag zerstört wurde, ging in die Architekturgeschichte ein, weil sich an ihr mehrere europäische Strömungen zu einem Gesamtkunstwerk vereinen. Streng gegliedert nach italienischer Art ist die Anordnung der Geschosse. Deutscher Tradition entspricht die doppelläufige Rampentreppe und das triumphbogenartige Mittelportal mit dem kurpfälzischen Wappen samt Reichsapfel und einem Ottheinrich-Porträtmedaillon im Giebel, während das Schmuckwerk der Fassade Einflüsse der niederländischen Renaissance verrät. Auf eine mittige Innentreppe wurde verzichtet, Zugänge erschließen sich über die Treppentürme am Gläsernen Saalbau und am Ludwigsbau.

Mittelportal des Ottheinrichsbaus

Zu den eindrucksvollsten Elementen des Ottheinrichbaus zählen die von dem flämischen Bildhauer Alexander Colin geschaffenen 16 Figuren zwischen den Fenstern der Hoffassade. Anders als 50 Jahre später am

Friedrichsbau, präsentieren sich hier nicht Darstellungen berühmter Ahnen, sondern antike Helden, römische Kaiser, biblische, allegorische und kosmische Figuren: Josua, Simson, Herakles, David (Hochparterre), Stärke, Glaube, Liebe, Hoffnung, Gerechtigkeit (erstes Obergeschoss), Saturn, Mars, Venus, Merkur, Jupiter (zweites Obergeschoss), Sol und Luna (auf dem Dach). Die Originale der überlebensgroßen Fassadenfiguren können im Rahmen von Sonderführungen im Inneren betrachtet werden. Das Hochparterre erhielt im 20. Jahrhundert eine Decke; Kaiser- und Herrensaal werden für Ausstellungen genutzt.

13 | Apothekenmuseum

Apr.–Okt. 10–18 Uhr; Nov.–März 10–17.30 Uhr

Eine der größten pharmaziehistorischen Sammlungen Europas befindet sich im Ottheinrichsbau, im Ludwigsbau und im **Apothekerturm** des Schlosses und zählt rund 700 000 Besucher jährlich. Das Apothekenmuseum enthält zehn original erhaltene Offizinen seit der Barockzeit, Haus- und Reiseapotheken, Wahrzeichen und Apothekenschilder, eine große Sammlung von Gefäßen

aus Holz, Porzellan und Emaille sowie Majoliken und Fayencen des 16. bis 18. Jahrhunderts. Noch im 18. Jahrhundert wurden Arzneien am Rezepturtisch zubereitet und durch ein Verkaufsfenster gereicht, die Offizin durfte man nicht betreten. Auch mehr als 1000 Rohdrogen früherer Zeiten und industriell gefertigte Arzneimittel der jüngeren Zeit gehören zum Bestand. Die in den Vitrinen eines Renaissanceraums ausgestellten historischen Rohstoffe stammen nach klassischer Aufteilung aus dem Mineral-, dem Tier- und dem Pflanzenreich. Kaffee, Tee und Schokolade – heute allgemein verbreitete Genussmittel – zählten ebenso dazu wie ägyptisches Mumienpulver, Einhorn- und Elfenbein-Extrakt. Das Museum bietet Workshops unter anderem zum »Pillendrehen« und zur Salbenherstellung, »Medizinische« Weinproben oder Destillatverkostungen an sowie thematische Führungen, auch in den nicht öffentlichen Apothekengarten.

14 | Südliche Schlossbauten

Im südöstlichen Teil des Schlossgevierts schließen sich der Ludwigs-, der Ökonomie- und der Soldatenbau mit Brunnenhalle an, hinter dem man durch den Torturm wieder ins Freie gelangt. Der schmucklose **Ludwigsbau** (um 1524) war ursprünglich größer, der Nordflügel musste dem Ottheinrichsbau weichen. Zuvor bildete der achteckige Treppenturm die Mitte des Wohnbaus, in dem vermutlich Diener und Gäste untergebracht waren. Angrenzend ließ der Kurfürst den **Ökonomiebau** errichten, in dem sich Herrenküche, Personalküche, Schneiderei, Vorratsräume und ein erhaltenes Backhaus befanden. Über die **Brunnenhalle** vor dem **Soldatenbau**, in dem die Burgwache lebte, spannt sich ein Kreuzgewölbe. Der **Krautturm** – auch Gesprengter Turm benannt – hinter dem Ökonomiebau bildet mit 6,50 Meter dicken Mauern und Schießscharten das Gegenstück zum Dicken Turm. Als Wehrturm Anfang des 15. Jahrhunderts erbaut, wurde er im Pfälzischen Erbfolgekrieg zerstört. Im Keller des Turms lagerte man das »Kraut«, die Bezeichnung für Schießpulver. Im Ökonomiebau befinden sich die Restaurants »Scharffs Weinstube« und »Historisches Backhaus« mit Freiterrasse.

Liselotte von der Pfalz
1652–1722, Herzogin. Die Enkelin des »Winterkönigs« und der Elisabeth Stuart wuchs im Heidelberger Schloss auf, in das sie nach ihrer Heirat mit Herzog Philipp von Orléans, dem einzigen Bruder des 72 Jahre herrschenden »Sonnenkönigs« Ludwig XIV., nie wieder zurückkehrte. In die deutsch-französische Kulturgeschichte ging sie durch 5000 erhaltene Briefe ein, in denen sie in unverblümtem Stil das Versailler Hofleben schilderte. Da ihr Bruder, Kurfürst Karl II., kinderlos starb, erhob der französische König 1685 in Liselottes Namen Erbansprüche, provozierte den Pfälzischen Erbfolgekrieg und ließ Heidelberg und Mannheim verwüsten. Liselottes Ehe mit »Monsieur« verlief unglücklich, er war homosexuell, von intrigierenden Günstlingen umgeben und verprasste das »Orléansgeld«, Kriegsbeute aus der Pfalz.

Krautturm

Hortus Palatinus und Heidelberger Schloss, Gemälde von Jacques Fouquières, 1620

Johann Wolfgang von Goethe
1749–1832, Dichter. Achtmal hielt sich der deutsche Dichterfürst in Heidelberg auf, 1814 und 1815 war er jeweils für zweieinhalb Wochen zu Gast im Palais Boisserée. »Die Stadt in ihrer Lage mit ihrer Umgebung hat etwas Ideales«, lautet ein Tagebucheintrag. 1815 verbrachte er drei Tage mit der Schauspielerin und Dichterin Marianne von Willemer und ihrem Mann, dem Frankfurter Bankier Johann Jakob von Willemer. Goethe nahm drei Gedichte seiner Muse Marianne in die Sammlung »West-östlicher Divan« auf.

15 | Schlossgarten

Die nie vollendete Struktur des Schlossgartens als »Hortus Palatinus« ist teilweise noch erkennbar. Kurfürst Friedrich V. plante als erster Regent eine repräsentative Gartenanlage, ein »achtes Weltwunder«, das er ab 1616 durch den Gartenkünstler Salomon de Caus realisieren ließ. Das Konzept sah Treppen, Terrassen, Wasserspiele, Haine, Beete, Grotten, Kabinette und Skulpturen vor. Salomon de Caus war Ingenieur und erfand Maschinen, die durch Luft, Sonne oder Wasser angetrieben wurden. Mechanische Musikinstrumente und sich wie von selbst bewegende Figuren sollten den Schlossgarten beleben. Durch den Beginn des Dreißigjährigen Krieges wurde der »Hortus« nie vollendet.

Vor der Großen Grotte auf der Hauptterrasse lagert »Rhenus« inmitten der Wasserspiele eines Bassins. Die große Sandsteinfigur des Vaters Rhein mit Feigenblatt und Rauschebart ist eine Kopie, das sanierungsbedürftige Original aus dem 17. Jahrhundert wurde 1974 »im Dienst der Denkmalpflege« zersägt, um originalgetreue Abgüsse herstellen zu können. Das Goethe-Denkmal wurde 1987 am Europatag aufgestellt; die Goethe-Marianne-Bank erinnert an **Johann Wolfgang von Goethes**

Muse Marianne von Willemer. Vom Schlossgarten aus gelangt man vorbei an der Ostseite der Schlossanlage über den Friesenberg in die Altstadt und zum Karlstor.

16 | Scheffelterrasse

Bei Fotografen und Malern beliebt dank des spektakulären Ausblicks auf die Ostseite des Schlosses, die Altstadt und das Neckartal ist die nordöstlich gelegene Scheffelterrasse selbst ein von weitem sichtbares Heidelberger Sinnbild. Sie ruht auf einer 20 Meter hohen, viaduktähnlichen Bogenkonstruktion aus dem 17. Jahrhundert. Ihren Namen bekam die Terrasse erst 1891, als dort ein Denkmal des Dichters und Juristen **Joseph Victor von Scheffel** aufgestellt wurde. Das Denkmal stellte Scheffel als Wanderer mit Reisetasche, Mantel und Buch dar. Wegen seines hohen Anteils an Kupferbronze wurde das Standbild 1942 zusammen mit Kirchenglocken zum Einschmelzen auf einen Güterzug geladen, dessen Verbleib ungeklärt blieb. Heute erinnert ein Sandstein mit eingelassenem Bronzemedaillon an den Dichter, der wesentlichen Anteil am Heidelberger Romantik-Image hatte.

Joseph Victor von Scheffel 1826–1886, Schriftsteller. Der bis ins frühe 20. Jahrhundert populäre Lieddichter besang Landschaften, verklärte poetisch »Altdeutsches« und verfasste Hunderte Festspiele und -gedichte für offizielle Anlässe. Es gab einen regelrechten Scheffel-Kult. Nach seinem Tod wetteiferten die Städte Karlsruhe, Heidelberg, Radolfzell, Säckingen und Singen um den Titel »Scheffelstadt«. Mit seinen Gedichten über Heidelberg festigte er den Ruf der Stadt als Ort des Frohsinns. Von ihm stammt die berühmte Hymne »Alt-Heidelberg du feine, Du Stadt an Ehren reich, Am Neckar und am Rheine, Kein andre kommt dir gleich.«

17 | Karlstor

Das von dem lothringischen Baumeister Nicolas de Pigage zwischen 1775 und 1781 gestaltete vermeintliche Stadttor am östlichen Ende der Hauptstraße stifteten die Bürger als römischen Triumphbogen für den Kurfürsten Karl Theodor. Sie bedankten sich damit für seine Aktivitäten zur Belebung des Handels, übernahmen sich aber finanziell mit diesem Projekt. Auf der Ostseite ist das kurpfälzische Wappen zu sehen, auf der Stadtseite sind Porträts des Kurfürsten und seiner Gattin angebracht.

18 | Völkerkundemuseum

Mi–Sa 14–18 Uhr, So 11–18 Uhr

Vom Karlstor kommend sieht man auf der Neckarseite der Hauptstraße das Palais Weimar, eine der ältesten Stadtresidenzen und heute Sitz des Völkerkundemuseums. Das um 1710 errichtete Barockgebäude wurde nach seinem vorletzten Besitzer benannt, dem Prinzen von Sachsen-Weimar-Eisenach. Die wertvollen ethnografischen Bestände des Museums sind die Reste einer umfangreicheren, in der NS-Zeit größtenteils zerstörten Wissenschaftssammlung der jüdischen Stifter Victor Goldschmidt und Leontine geborene Portheim. Das Ehepaar hatte das Palais 1921 erworben, die 1919 gegründete Portheim-Stiftung ist weiterhin Trägerin des Museums.

19 | »Kneipenmeile«

Tourist Information am Neckarmünzplatz:
Apr.–Okt.: Mo–Do/Sa 9.30–17 Uhr, Fr 9.30–18 Uhr,
So 10–15 Uhr; Nov.–März: Mo–Fr 11–16 Uhr, Sa 10–16 Uhr

Der Neckarmünzplatz diente einst als Floßlände unterhalb der Heidelberger Mühlen. Inzwischen parken hier die Touristenbusse. Dieser Teil der Altstadt mit Oberer Neckarstraße, Leyergasse und den östlichen Enden der Haupt- und Heiliggeiststraße weist die höchste Dichte an Kneipen, Bars und Clubs auf, ergänzt durch die wichtigste Partymeile Untere Straße. Legendär sind historische Studentenlokale wie der »Rote Ochsen« mit Holztischen, alten Fotografien, gut bürgerlicher Küche und abends dem »Mann am Klavier«. Ähnlich rustikal geht es im Lokal »Zum Seppl« und in der »Kulturbrauerei« zu.

Palais Boisserée

20 | Karlsplatz

Der nach Großherzog Karl Friedrich von Baden benannte weitläufige Platz entstand 1803 durch den Abriss des Franziskanerklosters. Von hier aus eröffnet sich ein ungehinderter Blick auf die Schlossanlage. Der 1978 von dem Berliner Bildhauer Michael Schoenholtz geschaffene Brunnen ist dem Kosmographen, Humanisten und Hebraisten Sebastian Münster (1488–1552) gewidmet, der bei den Heidelberger »Barfüßern« des Klosters eine Grundausbildung erhalten hatte, bevor er seine wissenschaftlichen Forschungen in Straßburg, Freiburg, Tübingen und Basel aufnahm. Ab 1524 lehrte er für einige Jahre auch an der Heidelberger Universität Hebräisch.

Der Brunnen steht vor der Fassade des Palais Boisserée, eines Barockbaus auf der nördlichen Platzseite. Seinen Namen erhielt der 1703/05 von Hofkammerpräsident Franz von Sickingen als Wohnhaus und Kanzlei errichtete Adelshof erst ein Jahrhundert später: von 1810 bis 1819 bewohnten der Maastrichter Kunst- und Architekturhistoriker Sulpiz Boisserée und sein Bruder Melchior das Palais, beide passionierte Gemäldesammler, deren Besitz altdeutscher und niederländischer Kunst heute in der Alten Pinakothek München ausgestellt ist.

Johann Wolfgang von Goethe besuchte die Brüder 1814 und 1815. Heute befindet sich das Germanistische Seminar der Universität in dem Palais.

21 | Akademie der Wissenschaften

Auf der gegenüberliegenden Platzseite fällt ein weiteres repräsentatives Barockgebäude (1717/19) ins Auge. Seit 1767 war in dem Gebäude die kurpfälzische Landschreiberei untergebracht, von 1805 bis 1918 diente es als Großherzogliches Palais der badischen Hofhaltung, und seit 1923 residiert darin die Akademie der Wissenschaften. Die 1909 gegründete Forschungseinrichtung und Gelehrtengesellschaft, heute Akademie des Landes Baden-Württemberg, fördert den interdisziplinären wissenschaftlichen Austausch.

In der Karlstraße 8 steht eines der nach Meinung von Fachleuten besterhaltenen Bürgerhäuser der Altstadt aus der Barockzeit, das ehemalige Mittermaiersche Haus von 1716. Auch dieser Hausname stammt von einem späteren Bewohner, dem Rechtsgelehrten und Liberalen Karl Joseph Anton Mittermaier, der es 1822 bezog und dessen Nachkommen bis 1958 darin lebten.

22 | Kornmarkt

Charles de Graimberg
1774–1864, Denkmalpfleger und Sammler. Der französische Emigrant besuchte Heidelberg um 1810, um Skizzen des Schlosses anzufertigen. Die Ruine und die Geschichte der Pfälzer Kurfürsten faszinierten ihn so sehr, dass er sich 1811 als selbst ernannter Wächter im Turmzimmer des Gläsernen Saalbaus niederließ, weil die Behörden bislang nichts gegen den Raubabbau unternommen hatten. Von nun an widmete sich Graimberg ganz dem Erhalt des Schlosses und der kunsthistorischen Exponate. Er sammelte mehr als 9000 Objekte, richtete ein Schlossmuseum ein und legte den geschlossenen Erhalt seiner Sammlung testamentarisch fest.

Folgt man der Hauptstraße weiter nach Westen, öffnet sich nach wenigen Schritten der Kornmarkt, der seinen Namen erst seit dem späten 17. Jahrhundert trägt. Ursprünglich stand hier das Alte Spital, das nach 1557 abgerissen wurde zugunsten eines Milch- und Krautmarktes, der als Neuer Markt bezeichnet wurde. Mit der Mariensäule auf dem Muttergottesbrunnen setzten 1718 Gegenreformatoren ein Zeichen aktiven Protestes: die »Kornmarkt-Madonna« war eine katholische Provokation der mehrheitlich reformierten Bevölkerung.

Das Palais Graimberg an der südöstlichen Platzseite ist ein wichtiges Baudenkmal der Stadt, auf dessen 2500 Quadratmetern Innenfläche seit 1978 die städtischen Ämter untergebracht sind und das 2013 behutsam und energieeffizient restauriert wurde. Errichten ließ es 1839 der französische »Schlossretter« **Charles de Graimberg**, der es als Wohnhaus, Lager und Museum für seine Sammlung nutzte. Im Erdgeschoss gründete Graimbergs Enkelin Maria Gräfin Graimberg-Bellau 1911 die erste Katholische Soziale Frauenschule im Deutschen Reich, in der Hunderte junger Frauen zur Sozialarbeiterin ausgebildet wurden.

23 | Marktplatz

Dem Kornmarkt schließt sich der komplett verkehrsberuhigte Marktplatz an, der sich zwischen dem roten Sandsteingebäude der gotischen Heiliggeistkirche und dem breiten Rathauskomplex erstreckt. Der älteste Platz der Heidelberger Altstadt diente schon im Mittelalter als Versammlungsstätte, auf dem Händler ihre Waren und Lebensmittel feilboten, Spielleute und Schausteller auftraten, Prediger sprachen, Prozesse und Hinrichtungen stattfanden und Menschen am Pranger gedemütigt und gefoltert werden durften. Seine heutige Struktur mit einigen der bedeutendsten Bürgerhäuser der Stadt erhielt der Marktplatz um 1700. Kurfürst Johann Wilhelm hatte nach den Zerstörungen und Bränden für den Wiederaufbau eine strenge Bauordnung, eine Begradigung der Straßen und rechtwinklige Häuserblöcke im Sinn, die er allerdings nur ansatzweise durchsetzen konnte. Die Bewohner wollten ihre neuen Behausungen möglichst rasch auf die mittelalterlichen Fundamente setzen. Die Reihe der »Modellhäuser« auf der Nordseite des Marktplatzes jedoch entstand im Auftrag des Kurfürsten. Sie sind durch einheitliche Geschoss- und Traufhöhen bei geradliniger Vorderfront gekennzeichnet. Die Häuser-

Marktplatz mit Herkulesbrunnen und Rathaus

MARKTSTUBE
Lindt

zeile auf der Südseite wurde annähernd, aber nicht konsequent im Sinne der Bauordnung realisiert.

Der Herkulesbrunnen entstand zwischen 1706 und 1709, die Bürger setzten damit ein durchaus politisch zu verstehendes Symbol für die hohe Kraftanstrengung des Wiederaufbaus. Das Original der Herkulesskulptur mit Keule und Löwenfell von dem ungarischen Bildhauer Heinrich Charrasky, der in Heidelberg lebte, befindet sich im Kurpfälzischen Museum, die Kopie ruht auf einer korinthischen Säule, deren Kapitell vergoldet ist.

24 | Rathaus

Tourist Information Mo–Fr 8–17 Uhr

Das Rathaus setzt sich aus Segmenten unterschiedlicher Bauphasen zusammen, die sich um einen barocken Kern gruppieren. Dieser siebenachsige Mittelbau mit einem halbrunden Giebel über einem Zwerchhaus entstand zwischen 1701 und 1705. Kurfürst Johann Wilhelm hatte den Bau beauftragt, nachdem die Altstadt 1693 im Pfälzischen Erbfolgekrieg größtenteils zerstört worden war. Das kurpfälzische Allianzwappen über der Balkontür des ersten Stockwerks stammt von Heinrich Charrasky (heute Kopie). Der Nordflügel als erster Erweiterungsbau kam 1886 im Neorenaissancestil hinzu, allerdings wurde dieser nach einem Brand 1912 im barocken Stil ersetzt. Ein moderner Anbau entstand 1959/61.

25 | Kurfürstliche Hofapotheke

Auf der südlichen Seite des Marktplatzes befindet sich einer der frühesten Barockbauten der Altstadt, in dem einst die Kurfürstliche Hofapotheke residierte. Das dreiachsige Prachtgebäude mit roter Sandsteinfassade entstand um 1700, von Johann Jakob Rischer vermutlich bewusst als Kontrast zum Renaissancebau des Hauses Zum Ritter St. Georg geplant. Eine Apotheke soll an diesem Standort bereits seit 1403 existiert haben, das Haus brannte 1693 ab. Über dem von Säulen flankierten Portal prunkt in einem für die Barockzeit typischen gespreng-

Allianzwappen an der Hofapotheke

ten Giebel das kurpfälzische Allianzwappen des Kurfürsten Karl Theodor von Bayern. Darüber schwebt – leicht beschädigt – der Kurhut mit Hermelinschwänzchen.

26 | Zum Ritter St. Georg

Unweit der Hofapotheke sieht man über dem Giebel eines prachtvoll dekorierten Renaissancegebäudes von 1592 die Ritterfigur des Heiligen Georg, der dem Bürgerhaus und heutigen Hotel-Restaurant seinen Namen gab. Vorbild für die symmetrische Strukturierung der Fassade über einem asymmetrisch gestalteten Erdgeschoss war der Ottheinrichsbau des Schlosses. Bauherr war der hugenottische Tuchhändler Charles Bélier, ein Calvinist, der mit seiner Frau im rechten Brüstungsfeld des zweiten Obergeschosses abgebildet ist. Außerdem schmücken Medaillons von vier Frankenkönigen und drei lateinische Inschriften die Fassade. Der Steinbau überstand den Dreißigjährigen Krieg, den Pfälzischen Erbfolgekrieg und den Stadtbrand von 1693 beinahe unbeschädigt und diente nach Letzterem vorübergehend als Rathaus. Vermutlich seit 1705 beherbergt »der Ritter« Reisende, darunter den Schriftsteller Victor Hugo.

27 | Heiliggeistkirche

Mo–Sa 11–17 Uhr, So 12.30–17 Uhr

Die Heiliggeistkirche ist nicht nur das größte Gotteshaus von Heidelberg, sondern nach dem Kölner Dom auch die mit mehr als einer Million Touristen jährlich meistbesuchte Kirche in Deutschland. Ihre Bedeutung bemisst sich an ihren für einen Sakralbau ungewöhnlichen Architekturdetails, die ihrer von Anfang an geplanten multifunktionalen Nutzung zuzuschreiben sind. Besonders auffallend ist der Kontrast zwischen dem lichthellen Chorraum, dessen Weite die dunkle Anmutung des Langhauses noch verstärkt. Zwei Vorgängerbauten sind belegt, einer im romanischen, einer im gotischen Stil. Der 1399 begonnene und 1410 kurz vor dem Tod Ruprechts III. vollendete Bau des Hallenumgangschores diente als königliche und kurfürstliche Grablege (einzig erhalten ist das Grabmal Ruprechts und Elisabeths von Hohenzollern).

Die ursprünglich als Basilika geplante Kirche wurde unter Ruprechts Sohn Ludwig III. zu einer Emporenkirche umfunktioniert. Mit dem Bau des Langhauses hatte man 1417 bereits begonnen, als der Kurfürst beschloss, seine Bibliothek, die berühmte **Bibliotheca Palatina**,

Heidelberger Fensterstreit
Das »Probefenster« des renommierten Glasbildgestalters Johannes Schreiter ließ 1981 die Pläne für eine einheitliche Neugestaltung von mit Fensterglas ersetzten Scheiben der Heiliggeistkirche scheitern. Schreiter bezog sich auf deren Geschichte als Universitätskirche und hatte die Vielfalt wissenschaftlicher Disziplinen darstellen wollen. Zu sehen ist heute nur sein »Physikfenster« im südlichen Seitenschiff, das eine Einsteinsche Formel und das Datum der Zerstörung Hiroshimas gegenüberstellt. Anstelle von Schreiter gestaltete die Glaskünstlerin Hella Santarossa, Vertreterin des Neoexpressionismus und der Jungen Wilden, fünf Nordfenster der Kirche.

der Universität zu vermachen – sie wurde 1438 auf den Emporen untergebracht. Die seitlichen Emporen sind deshalb breiter als das Mittelschiff und dienten als Universitäts-Lesesaal. Die nördliche Empore liegt höher als die Südempore, auch dies ist ungewöhnlich. Der um 1515 vollendete Turm wurde erst später der Gesamtheit des Gebäudes angefügt, indem die Seitenschiffe verlängert wurden. Während der Nachkriegssanierung erneuerte man die mittelalterlichen Verkaufsbuden außen zwischen den Strebepfeilern, die bis heute das Bild des Marktplatzes prägen. Die in das Mauerwerk der Südseite eingelassenen Brezel-Darstellungen stammen aus dem 17. Jahrhundert und markieren eine Normgröße, an die sich die Bäcker zu halten hatten.

Aus vorreformatorischer Zeit blieben nach den Bilderstürmen nur wenige Ausstattungsstücke erhalten oder konnten freigelegt werden wie etwa Reste alter Fresken. Nach der Reformation wechselte die Kirche mehrfach zwischen Protestanten lutherischen und reformiert-calvinistischen Glaubens und wurde während des Dreißigjährigen Krieges unter bayerischer und spanischer Besatzung wieder katholisch. Der Chor diente in dieser Zeit ausschließlich als Grabstätte. Ab 1698 diente das Gotteshaus als Simultankirche katholischen und evangelischen Christen. Die Koexistenz glückte allerdings nicht, sodass der Kurfürst 1705 anordnete, in größeren Stadtkirchen sollten die Katholiken den Chor, die Protestanten das Langhaus bekommen. Zur besseren Trennung wurde 1706 eine Scheidewand errichtet, die 1886 eingerissen und 1894 wiederaufgebaut wurde und erst 1936 endgültig fiel, nachdem die Evangelische Kirche das Gebäude durch einen Ankauf des Chores von den Katholiken wieder ganz übernommen hatte.

Die Innenausstattung der Kirche ist überwiegend modern geprägt mit nach 1945 installierten Exponaten, zum Beispiel Altar, Taufbecken und das 1965 von dem Glaskünstler Hans Gottfried von Stockhausen geschaffene große Fenster über der Westempore. Aus der Barockzeit stammt die Kanzel (1731). Die große Steinmeyer/Lenter-Chororgel wurde 1980 und 1993 eingebaut und 1997 neu intoniert. Auf den 13 Vorläufern dieses Instruments spielten u. a. Mozart, Max Reger und Albert Schweitzer. Im Sommer finden regelmäßig Orgelkonzerte statt.

Die **Bibliotheca Palatina** galt im 16. und 17. Jahrhundert als bedeutendste Büchersammlung des Abendlandes und als umfangreichster Hort protestantisch-theologischer Literatur. Kurfürst Ottheinrich vereinigte die Bestände der 1386 gegründeten Universität, der Schlossbibliothek und der Lorscher Klosterbibliothek auf den Emporen der Heiliggeistkirche; auch setzte er einen Etat zur Anschaffung neuer Publikationen ein. 1622 wurde die Sammlung als kaiserlich-katholische Kriegsbeute in die Vatikanische Bibliothek transportiert. Nach dem Wiener Kongress gab Rom die 847 deutschen Handschriften zurück. In einem Kooperationsprojekt wurden mittlerweile diese Unikate sowie die lateinischen und griechischen Handschriften aus Rom und die einstige Lorscher Sammlung digitalisiert. Die meisten Handschriften und Drucke lagern weiterhin in den Tresoren der Biblioteca Apostolica Vaticana.

28 | Medersches Haus

Schräg hinter der Heiliggeistkirche fällt ein um 1721 errichtetes, reich geschmücktes und gelungen saniertes Eckhaus ins Auge, das der Kaufmannsfamilie Meder gehörte. Das Bürgerhaus beeindruckt vor allem durch die schmale Fassadenseite mit Reliefs, die die Dreifaltigkeit darstellen. Auffallendstes Exponat dieser Sakralkunst am Bau ist die Hausmadonna mit Jesulein von Peter van den Branden (Original im Kurpfälzischen Museum). Der Sohn dieses Heidelberger Künstlers, Johann Matthäus van den Branden, war kurpfälzischer Hofbildhauer und Hofstuckateur. Er schuf die Brunnenskulptur auf dem Kornmarkt, die Nepomukstatue auf der Alten Brücke und weitere Plastiken an Barockfassaden der Stadt.

29 | Brückentor

Durch die Steingasse, die älteste gepflasterte Straße Heidelbergs, im Sommer gesäumt von Tischen und Stühlen der Gasthäuser, kommt man zur Alten Brücke. Das mittelalterliche Brückentor auf der Südseite – einst Wächterhaus und Gefängnis – flankieren zwei Türme, deren barocke, spitz zulaufende Helme 1788 aufgesetzt wurden. Im westlichen Turm befinden sich drei Kerkerzellen. Im östlichen Turm gibt es eine massive Wendeltreppe aus Sandstein, die in eine bis 2004 bewohnte Wohnung über dem Torbogen führt. Nach dem Zweiten Weltkrieg lebten der Architekt und Kunsthistoriker Rudolf Steinbach und später der Schriftsteller Gert Kalow darin und empfingen berühmte Künstler und Intellektuelle wie Heinrich Böll, Hans Magnus Enzensberger, Ernst Bloch und Jürgen Habermas.

Der Brückenaffe aus Bronze (siehe Umschlag), der Betrachtern einen Spiegel vorhält, ist eine Skulptur von Gernot Rumpf (1979), Nachfolge eines Affen des 15. Jahrhunderts am Brückentor auf der Neuenheimer Seite, das nicht mehr steht. Auf der Brücke stand bis zum Hochwasser 1784 auch ein Bildnis des Heiligen Johannes von Nepomuk. Es wurde vom Fluss weggeschwemmt, aber einige Jahre später wiedergefunden. Heute steht eine Kopie in der Nähe des Brückentors, das Original im Kurpfälzischen Museum.

Philosophenweg

Jenseits der Altstadt und der Alten Brücke windet sich der Schlangenweg in Serpentinen hinauf zum zwei Kilometer langen Philosophenweg am Sonnenhang des Heiligenberges, einem der berühmtesten Spazierwege von Romantikern, Gelehrten und Studenten direkt gegenüber vom Königstuhl. Alternativ geht man von der Theodor-Heuss-Brücke aus durch den bebauten unteren Philosophenweg und betrachtet dort die repräsentativen Villen. Die eigentliche Attraktion des steil ansteigenden Weges sind mediterrane Pflanzen und exotische Stauden und Gewächse sowie Trockenmauern, an denen seltene Blumen sprießen und in denen Eidechsen leben. Der Philosophenweg ist eine »Klima-Insel« im ohnehin klimatisch milden Heidelberg.

30 | Alte Brücke

Die Alte Brücke ist neben dem Schloss die meistbesungene und meistfotografierte Sehenswürdigkeit von Heidelberg. Acht hölzerne Brücken über den Neckar wurden seit dem 13. Jahrhundert durch Hochwasser und Eisschollen zerstört. Den neunten Übergang aus rotem Sandstein ließ Kurfürst Karl Theodor 1786/88 mit erhöhten Brückenjochen bauen, damit das Hochwasser besser abfließen konnte. Mit Erfolg – die Karl-Theodor-Brücke hielt bis März 1945, als deutsche Soldaten auf dem Rückzug vor den Alliierten alle Heidelberger Brücken sprengten. Ein Jahr später begannen die Bürger mit dem Wiederaufbau, 1947 wurde die neue »Alte« Brücke eingeweiht.

Die beiden Denkmäler auf der Brücke stammen von Hofbildhauer Konrad Linck aus Speyer. Sie stellen die griechische Göttin der Weisheit, Pallas Athene, und Kurfürst Karl Theodor dar, eine Anspielung auf den spendenfreudigen »Vater« der Steinbrücke. Die allegorischen Figuren an Karl Theodors Denkmal symbolisieren bedeutende Flüsse, die durch das geografisch mit En- und Exklaven zerrissene Kurfürstentum verlaufen, die Frauengestalten zu Füßen der Gottheit stellen Gerechtigkeit, Frömmigkeit, Landbau und Handel dar.

31 | Neckar

»In deinen Tälern wachte mein Herz mir auf« dichtete Friedrich Hölderlin auf den fünftgrößten Nebenfluss des Rheins, und der Europareisende **Mark Twain** würdigte seine »sanfte und friedvolle Schönheit«. Am Neckarufer entlang verläuft die Burgenstraße von Heidelberg bis Heilbronn, und zwei Drittel des 367 Kilometer langen Flussverlaufs sind schiffbar. Das Neckartal gilt als Inbegriff einer typisch deutschen Natur- und Kulturlandschaft mit Wald, Wiesen, Weinbergen, Feldern, Felsen und Sandsteinbrüchen. Man kann wandern, Rad fahren, rudern und paddeln oder Touren vielfältiger Art mit der Weißen Flotte Heidelberg unternehmen.

Mark Twain
1835–1910, amerikanischer Schriftsteller. Twain besichtigte Heidelberg im Sommer 1878 – und blieb drei Monate. Die Erlebnisse seiner zweiten Europareise verarbeitete er in satirischer Form in dem Reisebuch »A Tramp abroad«. Darin spricht er nicht nur von der »anmutigen Lage« Heidelbergs, sondern schildert auch das erstaunlich freie Studentenleben. Immerhin hielt er die Studiosi größtenteils für »hard workers«, meinte aber, die neunjährige deutsche Gymnasialbildung sei so umfassend und vollständig, dass ein Universitätsstudium ohnehin nur noch wissensvertiefend wirken könne.

32 | Haspelgasse

Museum Haus Cajeth Mo–Fr 11–17 Uhr, Sa 12–16 Uhr
»Café Knösel« 9–22 Uhr, **»Schnookeloch«** Mo–Do 11–1 Uhr, Fr bis 3 Uhr, Sa/So bis 4 Uhr

Für den Rückweg vom Neckarufer bietet sich die Haspelgasse mit mehreren Traditionsadressen Heidelbergs an. Am Haus Nr. 8 fällt der gelbe Schriftzug »Schnooke-

Das **Museum Haus Cajeth** zeigt »Primitive Malerei und Art of Outsiders«. Alle Exponate stammen von Amateur-Künstlern ohne bildnerische oder akademische Schulung, die keiner bestimmten Stilrichtung zuzuordnen sind. Die meisten wurden Anfang des 20. Jahrhunderts geboren und arbeiteten als Fischer, Bauer oder Handwerker in körperlich anstrengenden Berufen. In den 1970er Jahren bildeten sich vor allem in den USA die ersten auf »Outsider Art« spezialisierten Galerien mit kommerziellem Handel. Inzwischen findet man Werke des »Art brut« (den Begriff »Rohe Kunst« prägte der französische Künstler Jean Dubuffet) auch in Museen für zeitgenössische Kunst.

loch« ins Auge. Es ist eines von mehreren in Heidelberg noch gepflegten historischen Lokalen mit Tafeln an den Fensterläden, Holztischen, Wandtäfelung, Biergarten und »Kurpfälzer Leibgerichten« auf der Speisekarte. In der Haspelgasse 12, einem Barockpalais von 1735, ist das **Museum Haus Cajeth** beheimatet.

Im oberen Teil der Haspelgasse steht die Wiege des weltweit berühmten Heidelberger süßen Souvenirs »Studentenkuss«, erfunden in der Chocolateriemanufaktur & Chocolaterie Knösel (Nr. 16), serviert im ältesten Heidelberger »Café Knösel« (Nr. 20). Der »Studentenkuss« ist ein 1863 erfundenes Schokoladenkonfekt, mit dem die (damals ausschließlich männlichen) Studenten den Bürgermädchen auf »anständige« Weise ihr Interesse an näherer Bekanntschaft zeigen konnten. Heute zählt die Leckerei zu den Wahrzeichen der Stadt und den beliebtesten Mitbringseln aus Heidelberg.

Das denkmalgeschützte Haus Traitteur an der Ecke Untere Straße/Fischmarkt, dessen Fensterverdachungen abwechselnd rund und eckig sind, trägt diesen Namen seit 1778. Damals erwarb der kurfürstlich pfälzische Baudirektor Johann Andreas von Traitteur das Anwesen und baute es im Louis-Seize-Stil um. Das Gebäude ragt wie ein vergessener Schiffsrumpf in den Fischmarkt hinein.

33 | Friedrich-Ebert-Gedenkstätte

Apr.–Okt.: Di–Fr 9–18 Uhr, Sa/So 10–18 Uhr;
Nov.–März bis 17 Uhr

Über die Untere Straße mit ihren Boutiquen, kleinen Läden, Kneipen, Cafés und Bars schlendert man vorbei an idyllischen Seitengassen. In der Pfaffengasse 18 befindet sich das Geburtshaus des ersten Reichspräsidenten der Weimarer Republik, **Friedrich Ebert**, das heute weit mehr als ein biografisch orientiertes Museum ist. Seit 1962 ist das barocke Wohnhaus mit niedrigen Zimmerdecken, in dem bis zu acht Personen der Familie Ebert lebten, zu besichtigen: Sie drängten sich in drei Räumen auf 50 Quadratmetern, ohne Strom und fließendes Wasser; noch dazu unterhielt der Vater hier seine Werkstatt. 1989 eröffnete die Gedenkstätte auf 275 Quadratmetern eine Dauerausstellung über Leben, Wirken und Zeit Friedrich Eberts. Die Stiftung Reichspräsident-Friedrich-Ebert-Gedenkstätte als Träger des Hauses versteht sich als Bildungsinstitution und bietet Vorträge, Seminare, Tagungen und Wanderausstellungen zu historisch-politischen Themen an. Die Gedenkstätte verfügt über eine Bibliothek mit 9000 Büchern,

Friedrich Ebert
1871–1925, Politiker. Der Sohn eines Heidelberger Schneiders absolvierte eine Sattlerlehre und schloss sich während seiner Wanderjahre der Sozialdemokratischen Partei an. Ab 1891 arbeitete er in Bremen als Redakteur, Gastwirt und Arbeitersekretär. 1905 wurde er in den SPD-Parteivorstand gewählt und zog nach Berlin um. 1912 errang er ein Reichstagsmandat und wurde 1913 SPD-Parteivorsitzender. In der Revolution 1918/19 bahnte er den Weg in die Demokratie, die er von 1919 bis zu seinem Tod als erster Reichspräsident der Weimarer Republik entschieden verteidigte.

Sume-Brunnen auf dem Heumarkt

Zeitschriften, Originalbroschüren und Zeitdokumenten. Das Stiftungsarchiv besitzt persönliche Dokumente Eberts, Plakate aus der Zeit 1914 bis 1933 und Zeitungen von 1878 bis 1945.

34 | Heuscheuer

Über den hübschen dreieckigen Heumarkt mit dem Sume-Brunnen von Stefan Engel (1991) und die Große Mantelgasse erreicht man die Heuscheuer. Das wuchtige Bruchsteingebäude, dessen Fensternischen überwiegend vermauert sind, entstand Mitte des 18. Jahrhunderts teilweise aus Resten der zerstörten mittelalterlichen Stadtbefestigung. Die Heuscheuer diente als Heulager für die Marstallpferde und den Bürgern als Zehntscheuer zur Abgabe ihrer Naturalsteuern. 1963 baute die Universität es für den Vorlesungsbetrieb aus.

Die Gedenkstätte vor dem Gebäude erinnert an die 1877/78 an dieser Stelle errichtete Synagoge, welche Nationalsozialisten 1938 in der Pogromnacht niederbrannten. Weiße Pflasterung kennzeichnet den einstigen Grundriss des jüdischen Gotteshauses, grauer Granit markiert Fenster und Eingang.

35 | Marstall

Mensa Mo–Sa 11–21 Uhr, **Marstallcafé** Mo–Do 12–22 Uhr, So ab 9 Uhr, **zeughaus-Bar im Marstall** Mo–Do 10–21 Uhr, Fr/Sa bis 22 Uhr

Gegenüber der Heuscheuer befindet sich das gewaltige Marstallensemble, eine ursprünglich beinahe geschlossene Viereckanlage mit vier Türmen und einem großen Innenhof. Auf der Neckarseite zieht sich die Front des ehemaligen Zeughauses auf einer Länge von 135 Metern hin, einst direkt am Ufer gelegen, denn der Kai wurde erst 1846 aufgeschüttet. Der wehrhafte Bau entstand um 1510 unter Kurfürst Ludwig V. von der Pfalz, genannt »der Friedfertige«. Er diente als Lager für Versorgungsgüter. Die beiden erhaltenen dreigeschossigen Wehrtürme haben spätmittelalterliche Maulscharten, d. h. waagerechte Öffnungen für Feuerwaffen. Der eigentliche Marstall war ein von Pfalzgraf Johann Casimir 1590 beauftragtes Renaissancegebäude auf der Südseite, das jedoch 1693 zerstört wurde. Heute sind das Studierendenwerk und die graffitigeschmückte größte Mensa der Universität im Marstallensemble untergebracht, an deren langen Tischen nicht nur Studierende hocken, sondern jedermann

150 Jahre
Gegenwart
Jubiläums
fest
6.7.
Hotel &
Irish Pub

essen darf. Beliebt im Sommer ist der Biergarten im Hof. Im Dachgeschoss des Kollegiengebäudes des Marstalls (neckarabgewandte Seite) befinden sich das Antikenmuseum und die Abgusssammlung der Universität. Die eingeschränkt öffentlich zugängliche Lehrsammlung besitzt mehr als 8000 Objekte und Exponate der antiken Kulturen des Mittelmeerraumes.

Statue des »Perkeo« an der Hauptstraße 75

36 | Hauptstraße

Über die Marstallstraße geht es zurück zur Hauptstraße, die vom Karlstor bis zum Bismarckplatz über zwei Kilometer führt. Ihr bescheidener Name verrät nicht, dass es sich um eine der längsten Fußgängerzonen Deutschlands handelt, autofrei seit Ende der 1970er Jahre und die Heidelberger Shoppingmeile schlechthin. Wer sich an dieser quirligen Einkaufsstraße mit historischen Gebäuden aus Barock und Renaissance, mit Boutiquen, Fachgeschäften und Markenfilialen, mit Konditoreien, Bistros und Restaurants orientiert, durchquert die gesamte Altstadt. Schlendert man immer wieder in die verwinkelten Seitengassen, trifft man auf die wichtigsten Sehenswürdigkeiten der Stadt. Die Länge der Hauptstraße motivierte die Einheimischen zu einer Unterteilung: »unne« vom Bismarckplatz bis zum Universitätsplatz, »owwe« von dort bis zum Karlstor.

Philipp Melanchthon
1497–1560, Humanist, Universalgelehrter, Reformator und Mitstreiter Luthers. Er wurde in Bretten, einem Ort zwischen Heidelberg und Karlsruhe, als Philipp Schwartzerdt geboren. Der Humanist Johannes Reuchlin belohnte seinen Schüler 1509 für seine überragenden Griechischkenntnisse mit einer Übersetzung seines Nachnamens: Melanchthon. Im Alter von zwölf Jahren begann Melanchthon an der Ruperto-Carola-Universität zu studieren, wechselte jedoch 1512 an die Universität Tübingen, weil die Heidelberger ihn wegen seiner Jugend nicht zur Magisterprüfung zuließen. Die Heidelberger Melanchthon-Forschungsstelle ist Teil der Akademie der Wissenschaften.

37 | Alte Universität

Universitätsmuseum/Alte Aula Aktuelle Öffnungszeiten unter www.uni-heidelberg.de/de/einrichtungen/museen-und-sammlungen/universitaetsmuseum

Der Hofbaumeister und Barockarchitekt Johann Adam Breunig verantwortete nach den Zerstörungen des Pfälzischen Erbfolgekriegs in Heidelberg verschiedene Stadtpalais, die Jesuitenkirche und ab 1712 die Pläne für einen zweiflügeligen Neubau der Universität. Die nach dem Stifter Kurfürst Johann Wilhelm »Domus Wilhelmina« benannte heutige Alte Universität beherrscht als unspektakulärer Funktionsbau die nördliche Seite des

Ruperto Carola
Die Universität Heidelberg ist die älteste Universität Deutschlands und nach Prag und Wien drittälteste im einstigen Heiligen Römischen Reich nördlich der Alpen, sie wurde 1386 von Kurfürst Ruprecht I. gegründet. Sie ist eine interdisziplinär tätige Forschungs- und Lehreinrichtung mit 13 Fakultäten (inklusive der Medizinischen Fakultät Mannheim), an denen 30 000 junge Menschen bei mehr als 500 Professoren in über 180 Studiengängen studieren. Mehr als 15 000 Menschen finden in der Universität einen Arbeitsplatz.

weitläufigen Universitätsplatzes. Der Löwenbrunnen vor dem Eingangsportal der Westfassade ist ein beliebter Treffpunkt. Auf dem Universitätsplatz treffen zahlreiche Buslinien zusammen, es ist ein Verkehrsknotenpunkt, und hier findet mit 80 Buden der größte Part des Heidelberger Weihnachtsmarktes statt.

Die Alte Universität offenbart ihre interessantesten Teile im Inneren. Die Alte Aula zieht sich über zwei Obergeschosse, sie wurde 1886 anlässlich der 500-Jahr-Feier der Universität von Joseph Durm im Neorenaissancestil komplett mit Holzverkleidung neu gestaltet. Mit Intarsien geschmückte dunkle Decken und Wände, Balkone und Balustraden sowie niedrig gehängte Kronleuchter geben dem langgestreckten Raum eine repräsentative, geradezu einschüchternde Anmutung, die durch das große Lünettenbild »Einzug der Pallas Athene in die Stadt Ruprechts I.« an der Stirnwand unterstrichen wird. Die mittige Büste in weißem Marmor stellt Großherzog Friedrich I. von Baden (1826–1907) dar.

In drei Räumen des Erdgeschosses widmet sich das 1996 eingerichtete Universitätsmuseum der Geschichte der **Ruperto Carola**. Es thematisiert Ereignisse von der Gründerzeit bis zum modernen Demokratisierungsprozess und die Entwicklungen der Naturwissenschaften und Medizin.

Alte Aula

38 | Studentenkarzer

Apr.–Okt. 10–18 Uhr; Nov.–März: Mo–Fr 10–16 Uhr

Die ehemaligen Arrestzellen für Studenten in der Augustinergasse gehören zu den meistbesuchten Sehenswürdigkeiten der Neckarstadt. In dem Barockhaus eines Sattlermeisters bezog in den 1780er Jahren zunächst der Universitätspedell (Hausmeister) eine Dienstwohnung, bevor es von 1786 bis 1914 als in der Karzergeschichte letztes Gefängnis für Studiosi diente, die die öffentliche Ordnung gestört oder sich ungebührlich verhalten hatten. Mit zwei Tagen bis vier Wochen Arrest wurden folgende Vergehen geahndet: nächtlicher Lärm und Ruhestörung, übertriebener Alkoholkonsum, Nacktbaden im Neckar, Raufereien, illegale Duelle, verbotene Mensuren, Belästigung junger Mädchen und Frauen, Diebstahl und Amtsbeleidigung. Es gab fünf Zellen, eine Kammer für den Hausknecht und den »Thronsaal« oder »Königssaal« mit Klo. An fantasievollen Spitznamen für den unbequemen Aufenthalt fehlte es nicht, man sprach vom Grandhotel, Palais-Royal oder Schloss Sanssouci.

Löwenbrunnen vor der Alten Universität

Die bunt bemalten Wände und Decken, die mit Kerzenruß gestalteten Silhouetten und karikaturistischen

Selbstporträts der Inhaftierten sowie Inschriften und Sprüche mit Hinweisen auf Dauer der Haftstrafe, Identität und Verbindungsmitgliedschaft der Studenten bilden die Hauptattraktion des touristischen Interesses. Diese »Kunstwerke« sind überwiegend aus der späten Zeit der Karzerstrafen, die im 19. Jahrhundert wesentlich milder und unterhaltsamer verliefen als in den ersten 500 Jahren, seit die Universität das Recht der akademischen Gerichtsbarkeit ausüben durfte. In dieser Zeit galt es als schick, eine Karzerstrafe zu verbüßen, es gab Betten und nicht nur Strohlager, man konnte sich Essen bringen lassen, sogar Bier, miteinander Karten spielen und die Zeit gesellig verbringen. Zu den Vorlesungen gelangte man durch eine Verbindungstür.

Max Weber
1864–1920, Soziologe, Nationalökonom, Jurist, Politologe und Historiker. Weber studierte u.a. in Heidelberg und lehrte nach Stationen in Berlin und Freiburg an der Ruperto Carola Nationalökonomie und Finanzwissenschaft, zunächst als ordinierter Professor, ab 1903 aus gesundheitlichen Gründen als Privatgelehrter. Der Jour fixe, den er fortan als Salongespräch mit Wissenschaftlern, Studierenden, Freunden und Kollegen in seinem Haus an der Ziegelhäuser Straße veranstaltete, galt als bedeutendster Zirkel des intellektuellen Heidelberg nach der Jahrhundertwende. Seine zahlreichen Schriften, darunter » Die protestantische Ethik und der Geist des Kapitalismus« (1904/05) und »Wirtschaft und Gesellschaft« (postum 1920/21), gehören zu den Klassikern der Soziologie.

39 | Jesuitenkirche

Museum für sakrale Kunst und Liturgie
Juni–Okt.: Di–Sa 10–17 Uhr, So 13–17 Uhr;
Nov.–Mai: Sa 10–17 Uhr, So 13–17 Uhr

Über die Merianstraße lohnt ein Abstecher zum bedeutendsten Barockbau Heidelbergs. Im Zuge der Säkularisierung im frühen 19. Jahrhundert waren die meisten Klosterkirchen und -gebäude der Stadt aufgelöst und zerstört worden, nur die Erlöserkirche der Dominikanerinnen und die Jesuitenkirche mit dem Kollegiengebäude überstanden diese religionsgeschichtlich bedeutende Phase. Dass die Kirche mit der überbordenden »römischen« Fassade überhaupt ab 1711 durch Baumeister Johann Adam Breunig errichtet und ab 1749 durch den kurpfälzischen Hofarchitekten Franz Wilhelm Rabaliatti fortgesetzt werden konnte, verdankt sich den Rekatholisierungs-Bestrebungen der Kurfürsten Johann Wilhelm, Carl III. Philipp und Karl IV. Theodor. Eingeweiht wurde das Gotteshaus, aus Konkurrenzgründen mit den Protestanten ursprünglich namensgleich mit der evangelischen Heiliggeistkirche, nach einem halben Jahrhundert Bauzeit 1759. Der neobarocke Turm, in dem heute zehn Glocken das vielseitigste Geläut der Stadt hervorbringen, kam erst 1868/72 dazu.

Die Ähnlichkeit der mit Skulpturen reich bestückten Barockfassade mit den römischen Jesuitenkirchen

San Ignazio und Il Gesù ist gewollt und Ausdruck der neu erstarkenden katholischen Glaubensgemeinschaft. Die Figuren in den Nischen über den seitlichen Portalen stellen den Ordensgründer Ignatius von Loyola und dessen Missionsbegleiter Franz Xaver dar, in der Mittelnische steht Salvator (der Erlöser Jesus Christus) mit Weltkugel. Auf den seitlichen Voluten agieren Allegorien der göttlichen Tugenden Hoffnung und Liebe mit Flammenvasen und Putten, im Zentrum des Giebels überragt allegorisch der Glaube in kämpferischer Siegespose das Bauwerk.

Die Jesuitenkirche dient den Heidelberger Katholiken als Hauptkirche. Von der Ausstattung der Entstehungszeit ist nach der Säkularisierung und zwischenzeitlichen Profanisierung als Lazarett und Waffenlager in der dreischiffigen Hallenkirche wenig geblieben. Der Kirchenraum wurde mehrfach umgestaltet, zuletzt bis 2004. Seit der jüngsten Sanierung entfaltet er eine vornehm-elegante und in der Verbindung barocker, klassizistischer und moderner Elemente zeitgemäße und lichte Wirkung, die der Kontrast der schwarzen Bänke und Stühle mit der weiß strahlenden Grundgestaltung unterstreicht. Die Marmorkanzel und die Altarbilder stammen aus dem 19. Jahrhundert. Die schlichte Altarinsel harmonisiert durchaus mit dem reliefbesetzten Hauptaltar, den barocken Skulpturen und dem Pfingstwunder von 1871. Die Krypta enthält nach einigen Umbettungen der Überreste das Grab des pfälzischen Kurfürsten Friedrich I. (1425–1476).

Einige der erhaltenen Exponate befinden sich im der Kirche angeschlossenen Museum für sakrale Kunst und Liturgie (Zugang aus dem Kirchenraum). Die Ausstellung zeigt Kirchenkunst aus dem 17., 18. und 19. Jahrhundert und informiert über das Wirken des Jesuitenordens in der Kurpfalz.

40 | Neue Universität

»Dem lebendigen Geist« lautet seit der Bauzeit das Epigramm des deutschen Germanisten Friedrich Gundolf über dem Haupteingang des dreiflügeligen Neuen Universitätsgebäudes am Universitätsplatz. Über dem Schriftzug wachte ebenfalls von Anfang an eine Bronzeskulptur der Pallas Athene von Karl Albiker. Während der

Oben: Haupteingang der Neuen Universität
Links: Jesuitenkirche

Neue Universität mit »Hexenturm«

nationalsozialistischen Herrschaft lautete die Inschrift »Dem deutschen Geiste«, und die Göttin der Weisheit machte Reichsadler und Hakenkreuz Platz. Den denkmalgeschützten Bau, dessen sachlich-selbstbewusste Ausstrahlung durch ungleichmäßig lange und im oberen Teil hohe travertinverkleidete Fensterreihen auf schlichtem weißen Mauerwerk entsteht, verantwortete 1931/32 und 1934 der Architekt und Stadtplaner Karl Gruber. Er vertrat ein Konzept der vormodernen, funktionalen Schnörkellosigkeit, er stellte nicht wie Bauhaus-Kollegen Glas, Beton und Stahl in den Mittelpunkt der Materialwahl. Finanziert wurde der Hörsaal-Komplex überwiegend durch großzügige Spenden ehemaliger amerikanischer Studenten und Unternehmer wie Rockefeller und Chrysler, 1928 initiiert durch den amerikanischen Hochschullehrer und Berliner US-Botschafter Jakob Gould Schurman.

Der »Hexenturm« im Innenhof ist das einzige Relikt der alten Stadtbefestigung aus dem 13. Jahrhundert. Seinen aktuellen Namen trägt der Turm erst seit dem 17. Jahrhundert, vermutlich als Erinnerung an seine einstige Funktion als Kerker. Der Turm verbindet mit einem offenen Treppenhaus die rechtwinklig angelegten Flügel seitlich der Grabengasse und Seminarstraße.

41 | Universitätsbibliothek

Vitrinenausstellungen Mo–Fr 8.30–1 Uhr, Sa/So 9–1 Uhr

Das prachtvolle Neorenaissance-Portal mit Jugendstilelementen des 1905 eröffneten vierflügeligen Baus symbolisiert die Bedeutung der ältesten Universitätsbibliothek Deutschlands von 1386. Der im späthistoristischen Stilmix gestaltete Sandsteinkomplex, den Erker, Türme, Giebel und ein auffallender runder Eckturm verzieren, zieht sich von der Hauptfassade mit Eingang an der Plöck in die Sandgasse und die Grabengasse und flankiert dort die Neue Universität. Im vorderen Teil befindet sich der repräsentativ gestaltete Verwaltungstrakt mit Vitrinenausstellungen. Im mittleren Teil liegen die Magazinräume, im Triplex-Gebäude aus den 1970er Jahren die Lesesäle.

Die größte wissenschaftliche Universalbibliothek Baden-Württembergs verfügt über einen Bestand von 3,2 Millionen Medien in der Zentrale, dazu zählen 6900 Handschriften des 9. bis 17. Jahrhunderts, 1800 Inkunabeln, 110 000 Autographen, 3300 Datenbanken und 600 000 E-Books. In den 40 dezentralen Bibliotheken lagern weitere drei Millionen Medien. Der wertvollste Schatz ist das Original des **Codex Manesse**.

Codex Manesse
Die auf Pergamentblättern in gotischen Buchstaben beschriebene und mit farbenprächtigen Miniaturen bebilderte Große Heidelberger Liederhandschrift entstand zwischen 1300 und 1340. Die Sammlung enthält 6000 mittelhochdeutsche Strophen des Minnesangs und religiöser Lyrik. Die Handschrift gelangte zwar schon früh in Heidelberger Besitz, befand sich aber ab 1657 für 200 Jahre in Paris, bis sie 1888 im Tausch gegen erbeutete französische Handschriften zurückgeholt werden konnte. 2023 wurde sie in das UNESCO-Weltdokumentenerbe »Memory of the World« aufgenommen.

42 | Peterskirche

Ostern-Okt.: Mo–Fr 14–17 Uhr

Schon im 12. Jahrhundert, der Zeit der Stadtgründung, gab es an der Stelle der jetzigen Peterskirche höchstwahrscheinlich ein Gotteshaus, außerhalb der Stadtmauern liegend und urkundlich 1357 erstmals erwähnt. Die älteste Pfarrkirche Heidelbergs entstand ab 1485 als spätgotischer einschiffiger Hallenbau, teilweise durch »Geldbußen« von Studenten finanziert. 1693 brannte sie aus und wurde im barocken Stil erneuert. Nach 1863 restituierten die Baumeister Ludwig Franck-Marperger und nach ihm Heinrich Behaghel den ursprünglichen gotischen Charakter außen mit Satteldach und spitz zulaufendem Turm, innen mit Erweiterung zu einer dreischiffigen Halle. Spätere Neuerungen ergänzten dieses Architekturkonzept, sodass die Anmutung der dem Schutzpatron der Fischer geweihten Kirche heute dem Zustand des 15. Jahrhunderts nahekommt und mit verschiedenen Elementen, zum Beispiel mit den zwölf aus Rundstäben zusammengesetzten Bündelpfeilern und Kreuzrippengewölben, sogar mehr Hochgotik ausstrahlt als das einstige Gebetshaus.

Im 19. Jahrhundert entwickelte sich das Gotteshaus zur Universitätskirche, seit 1896 offiziell. Die Universitätskapelle an der Südseite des Langhauses diente seit 1396 über Jahrhunderte als Grablege für prominente Angehörige der Hochschule, darunter der Gründungsrektor, ebenso fanden Professoren und Gelehrte auf dem Friedhof ihre letzte Ruhe, wovon noch alte Grabsteine zeugen. Sehenswert ist das Epitaph für Olympia Fulvia Morata – eine humanistische Gelehrte, die an der Universität las und 1555 jung an Tuberkulose starb. Zu den wichtigsten Werken der Sakralkunst in der Peterskirche zählen neun Fenster des Glasbildners Johannes Schreiter (2006–2012). Die Chorfenster stammen von dem Heidelberger Künstler Heinrich Beiler (1869). In den Seitenschiffen hängen zwei Monumentalbilder von Hans Thoma (1902). Das Gemälde »Die Bergpredigt« auf der Nordseite der Empore stammt von dem Worpsweder Künstler Fritz Mackensen (1911).

In der Kirche finden neben Universitätsgottesdiensten auch Ausstellungen und Konzerte statt. Beliebt sind die »Akademischen Mittagspausen« im Sommersemester (Mo–Fr 13–13.30 Uhr) und die Mittwochmorgen-Gottesdienste (7 Uhr) mit gemeinsamen Frühstück, die jedes Semester ein neues Leitthema erhalten.

Grabmal von Alexander Bellendörfer (gest. 1512), Protonotarius von Kurfürst Philipp

43 | Plöck

Die schmale, 1,2 Kilometer lange, parallel verlaufende »Kleine Schwester« der Hauptstraße, mit dieser durch lauschige Gassen verbunden, ist bis heute ein bevorzugtes Quartier für Studentenbuden und Wohngemeinschaften. Die bei rasanten Radfahrern beliebte Einbahnstraße gilt als »Horrorstrecke«, genießt aber wegen ihres idyllischen Ambientes und der kleinen Familienbetriebe bei Stadtbummlern hohe Attraktivität. Der Name Plöck bedeutet verkürzt »Ackerstück« und bezieht sich auf die Pflöcke, an denen die Ackerbürger ihr Vieh anbanden. Bis ins frühe 19. Jahrhundert gehörte die Plöck zur Vorstadt mit Landwirtschaft und großen Grundstücken. Hier entstanden mehrere Spitalbauten, deren Bewohner – Alte, Waisen, Behinderte und Bedürftige – sich mit Garten- und Heimarbeit ihre Unterkunft verdienten bzw. diese als Pfründner ohne Gegenleistung finanzierten. Die Stiftungen wurden ab 1698 unter kurfürstlicher Oberaufsicht von Katholiken, reformierten Protestanten und einer lutheranischen Minderheit gemeinsam verwaltet, was nicht reibungslos verlief, weshalb die drei Religionsgemeinschaften in der Plöck eigene Spitäler errichteten. Im 1756 umgebauten Alten Waisenhaus und

Georg Wilhelm Friedrich Hegel
1770–1831, Philosoph. Hegel lehrte 1816–1818 Philosophie an der Heidelberger Universität, wechselte dann nach Berlin. Als wichtigster Vertreter des deutschen Idealismus erforschte und lehrte er Logik, Natur- und Geistesphilosophie. Seine dialektische Methode – These, Antithese, Synthese – bildet die Basis für den von Karl Marx und Friedrich Engels entwickelten dialektischen Materialismus. Hegels Theorie ging vom Geistig-Ideellen als wirklichkeitsbestimmend aus; Marx vertauschte Ursache und Wirkung zugespitzt in dem Leitsatz, dass das gesellschaftliche Sein das Bewusstsein prägt und nicht umgekehrt.

im kürzlich sanierten denkmalgeschützten Gebäude des Alten Reformierten Spitals (Plöck 24) profitieren derzeit alte Menschen in Betreuten Wohnungen der Evangelischen Stadtmission von der zentralen Lage.

Einer der prominentesten Plöckmieter war der Philosophieprofessor **Georg Wilhelm Friedrich Hegel**, der hier mit seiner Familie 1817 für ein Jahr in einem Bauernhaus lebte, bevor er mit doppeltem Gehalt an die Berliner Universität berufen wurde. Weitere berühmte Namen schmücken die Liste der einstigen Plöckbewohner: der Dadaist Hugo Ball (Plöck 56), der Existenzphilosoph **Karl Jaspers** mit seiner Frau Gertrud (Plöck 66). Der russische Schriftsteller Iwan Turgenjew ging in der »Russischen Lesehalle« einer Konditorei ein und aus (Plöck 52); dort befindet sich heute der originelle »Heidelberger Zuckerladen«. Seit 1861, nach Schließung der Universität Petersburg wegen sozialrevolutionärer Unruhen, studierten zahlreiche politische Flüchtlinge aus Russland in Heidelberg.

In der Märzgasse rechter Hand der Plöck befindet sich das Adelspalais des Grafen Wieser, in dem der Jurist und Ehrenbürger Adolph von Vangerow dreißig Jahre lebte; im Nachbarhaus (Märzgasse 16) wohnte der Astronom Max Wolf, der Erfinder der galaktischen Astrofotografie und Entdecker zahlreicher Kleinplaneten.

Karl Jaspers
1883–1969, Philosoph und Psychiater. Der international renommierte Wissenschaftler promovierte als Mediziner in Heidelberg zum Thema »Heimweh und Verbrechen«. Seine Habilitationsschrift »Allgemeine Psychopathologie« gilt bis heute als Standardwerk der Psychiatrie. 1922 übernahm er einen Lehrstuhl am philosophischen Seminar. Während des Nationalsozialismus unterlag er einem Berufs- und Publikationsverbot. 1945 sollte er mit seiner jüdischen Frau noch deportiert werden, dem kam die Befreiung durch US-Truppen zuvor. Jaspers beteiligte sich am Neuaufbau der Universität und erhielt deren Ehrensenatorwürde.

Marguerre-Saal

44 | Theater

Das Heidelberger Stadttheater ist ein Fünf-Sparten-Haus (Schauspiel, Konzert, Tanz, Kinder- und Jugendtheater sowie Musiktheater), zu dem mittlerweile auch das Philharmonische Orchester der Stadt gehört. Die etwa 1000 Aufführungen jährlich finden nicht nur im Hauptbühnenhaus statt, sondern an weiteren Spielorten wie dem Zwinger, der Stadthalle und dem Schloss.

Der Ursprungsbau wurde 1853 im klassizistischen Stil errichtet und im Verlauf von anderthalb Jahrhunderten mehrfach umgebaut. Die jüngste Sanierung bis 2012 veränderte den Gebäudekomplex und das Theaterleben nachhaltig – alle Abteilungen und Arbeitsabläufe befinden sich jetzt unter einem Dach. Die Darmstädter Architekten Felix und Sibylle Waechter integrierten in der Theaterstraße vier historische Bürgerhäuser und das alte Theater mit dem denkmalgeschützten Zuschauersaal in eine einzige, Offenheit und Transparenz ausstrahlende Neukonstruktion. Probenräume und Foyer sind von außen einsehbar, sodass die Öffentlichkeit am kreativen Entstehungsprozess teilhaben kann. Die mit einem Budget von rund 60 Millionen Euro realisierte Sanierung wurde mit 19 Millionen Euro von 3000 Spendern unterstützt.

Das Theater ist mit etwa 300 Mitarbeitern neben Universität und Kliniken einer der größeren Arbeitgeber der Stadt, verzeichnet eine hohe Auslastung und ist überregional u. a. durch verschiedene Festivals beliebt.

45 | Wormser Hof

Das in Theater- und Hauptstraße hineinragende Eckgebäude wurde 1409 erstmals urkundlich erwähnt, es fungierte zwischen 1442 und 1610 als Stadthaus des jeweiligen Dompropstes von Worms, der zugleich Kanzler der Universität war. Bischöfe und andere Angehörige des Hochstiftes wohnten in dem geistlichen Hof, wenn sie in Heidelberg zu tun hatten. Besonderen Ruhm erlangte das Gebäude während der Zeit des Wormser Bischofs und kurpfälzischen Kanzlers Johann XX. von Dalberg, der hier ab 1482 bedeutende Humanisten wie Rudolf Agricola, Konrad Celtis und Johannes Reuchlin empfing, die zu dieser Zeit noch nicht an Universitäten lehren durften, und der zum Renommee der Heidelberger Universität als Zentrum des Humanismus beitrug.

Der rechteckige spätgotische Erker des Wormser Hofs wurde im 16. Jahrhundert mit Renaissancemotiven ver-

ziert, das repräsentative Renaissanceportal hundert Jahre später durch den neuen Besitzer Kurfürst Friedrich IV. eingebaut. An beiden Seiten eines breiten Torbogens stehen Doppelsäulen, zwischen denen es kleine Ritterfiguren gibt. Seit dem Dreißigjährigen Krieg wurde das von Lord William Craven erworbene Gebäude als Englischer Hof bezeichnet; der Earl war ein enger Freund der englisch-schottischen Prinzessin Elisabeth Stuart.

46 | Kurpfälzisches Museum

Di–So 10–18 Uhr,
Kunstverein Di–So 11–18 Uhr

Die eindrucksvolle Barockfassade des Palais Morass in der Hauptstraße 97 ist das Aushängeschild für einen Gebäudekomplex, der sich weit nach hinten zieht. Er wurde 1712 von dem Juristen und Universitätsrektor Johann Philipp Morass unter Leitung von Johann Adam Breunig gebaut. Über dem säulenflankierten Rundbogenportal der Durchfahrt zum Innenhof und zum Garten verleiht ein Balkon dem Ensemble einen besonderen Akzent. Im oberen Stockwerk befindet sich ein 1778 im Louis-Seize-

Stil umdekorierter Festsaal. In dem zweiflügeligen Stadtpalais wohnte der Augenarzt und Chirurg Maximilian Freiherr von Chelius (1794–1876), der die chirurgische Universitätsklinik leitete und Heidelbergs überregionalen Ruf als Medizinstandort maßgeblich mitbegründete.

Das Kurpfälzische Museum mit den städtischen Kunstsammlungen residiert seit 1908 in dem Gebäude. Es widmet sich der Geschichte und Archäologie der einstigen Kurpfalz mit der Hauptstadt Heidelberg, hat Sammlungsschwerpunkte in den Bereichen Kunsthandwerk, Malerei, Bildhauerei und Grafik und gibt Einblicke in das kurpfälzische Leben am Hof und im Bürgertum seit dem 16. Jahrhundert. Den Grundstock der Sammlung bildete die 1879 von der Stadt erworbene reiche Kollektion des französischen Emigranten Charles de Graimberg (siehe S. 24). Ihm gehörte bereits eines der wichtigsten Exponate des Museums, der spätgotische Windsheimer Zwölfbotenaltar von Tilman Riemenschneider (1509). Landschaftsbilder von Heidelberger Romantikern wie **Carl Rottmann**, außerdem niederländische Meister und die klassische Moderne sowie Porträts kurpfälzischer Persönlichkeiten gehören zum Bestand der Gemäldeschau.

Die Archäologie des unteren Neckarlandes präsentiert das Haus in sieben Räumen. Prominentestes Exponat ist

Carl Rottmann
1797–1850, Landschaftsmaler. Der Sohn des Heidelberger Zeichners Friedrich Rottmann spezialisierte sich auf mythisierende Landschafts- und Historienmalerei. Er lebte ab 1821 in München und erhielt vom bayerischen König Ludwig I. Aufträge für großformatige Gemälde. Ein frühes Aquarell (1815) zeigt das Heidelberger Schloss aus östlicher Perspektive in kräftigen, warmen Farben abendlichen Gegenlichts. Das Gemälde hängt im Kurpfälzischen Museum und nimmt Rottmanns spätere idyllische Landschaftsbilder von Italien und Griechenland im Stil der Romantik vorweg.

Heidelberger Kunstverein

die Kopie des 1907 in einer Sandgrube bei Heidelberg entdeckten, etwa 601 000 Jahre alten Unterkiefers, nach dem der Typus des »Homo heidelbergensis« benannt wurde. Grabungsfunde stammen aus dem größten römischen Bestattungsplatz in Süddeutschland, dem Heidelberger Stadtteil Neuenheim.

Schwerpunkt der kunsthandwerklichen Abteilung mit Porzellan, Möbeln, Silber, Glas, Fayencen und Kostümen stellt die Wohnkultur des Adels im 18. Jahrhundert dar. Sehr eindrucksvoll ist eine prachtvoll gedeckte Tafel mit dem 200 Jahre lang verschollen geglaubten, so gut wie vollständigen Silberservice der letzten Kurfürstin Elisabeth Auguste von der Pfalz.

Im Erweiterungsbau am Ende des Gartens finden drei bis vier große Wechselausstellungen pro Jahr statt. Darin ist auch der Heidelberger Kunstverein beheimatet, der sich mit Wechselausstellungen und Veranstaltungen zu internationaler Gegenwartskunst profiliert.

47 | Providenzkirche

Der selbst zu den reformierten Protestanten gehörende, in konfessionellen Fragen aber tolerant eingestellte kurpfälzische Kurfürst Karl Ludwig erlaubte den Lutheranern den Bau einer eigenen Kirche und verlieh ihr zur Weihe 1661 den Namen Providenzkirche, getreu seinem Wahlspruch »dominus providebit« (der Herr wird vorsorgen). Turm und Glocken jedoch blieben verboten. Dieses Gotteshaus wurde im Pfälzischen Erbfolgekrieg weitgehend zerstört und von 1699 bis 1717 erneuert. Den eng in die Hauptstraße eingepassten Turm charakterisieren ein achteckiger Glockenaufbau, eine umlaufende Balustrade sowie ein Helm mit Zwiebelhaube und Laterne.

Im Gegensatz zur barocken Außenansicht überrascht der Innenraum der neben der Heiliggeistkirche zweiten evangelischen Hauptkirche, den Hermann Behaghel 1885/86 von seinen barocken Elementen befreite und im Neorenaissancestil neu gestaltete – daher die lichte Ausstrahlung des Saals. Ursprünglich war die Providenzkirche als asymmetrische Emporenkirche errichtet worden. Dies änderte sich radikal während der Umbauten ab 1854. Nun dominiert ein Bild der Harmonie: die Em-

Das 1997 in den Räumen einer restaurierten »Notkirche« eingerichtete **Deutsche Verpackungsmuseum** (Hauptstraße 2, Mi–Fr 13–18 Uhr, Sa/So 11–18 Uhr) widmet sich als einziges in Europa der Warenverpackung und ihrer Geschichte im Wandel von Zeitgeist, Material und Technik, Alltagsleben und Gesellschaft. Die Dauerausstellung zeigt u. a. Verpackungen deutscher Markenklassiker des 20. Jahrhunderts. Neben Sonderausstellungen und Veranstaltungen wie dem jährlichen Branchentreff »Verpackungs-Dialog« tritt das Museum mit der Preisverleihung »Verpackung des Jahres« in Erscheinung.

poren liegen sich, symmetrisch angeordnet, gegenüber, die Kanzel befindet sich im Chorraum schräg hinter dem Altar, und über diesem »schwebt« ein buntes Glasfenster, das den verklärten Christus darstellt. Dessen rot strahlender Umhang wiederum zieht die Blicke der Besucher über die Mittelachse auf sich. Auf der Empore gegenüber thront Heidelbergs älteste Kirchenorgel aus der Werkstatt von Matthias Burkard (1885).

48 | Kongresshaus Stadthalle

Durch die Karpfengasse gelangt man zum Kongresshaus Stadthalle. Das zwischen den Grünanlagen Jubiläums- und Montpellierplatz gelegene, schlossartige Buntsandsteingebäude flankiert den Neckar auf 81 Metern Länge. Es wurde im historistischen Renaissancestil als Versammlungs- und Festhalle gebaut und 1903 eingeweiht. Neben der Universitätsbibliothek und dem Kurfürst-Friedrich-Gymnasium ist sie der bedeutendste öffentliche Altstadtbau der Gründerzeit in Heidelberg. Die auch mit Jugendstilelementen verzierten Fassaden und Fensternischen sind mit Skulpturen, Büsten, Porträts Heidelberger Persönlichkeiten und Wappen der acht ba-

dischen Städte Freiburg, Karlsruhe, Heidelberg, Mannheim, Pforzheim, Bruchsal, Baden-Baden und Konstanz ausgestattet. Der Kopf über dem Haupteingang auf der Westseite stellt die »Heidelberga« dar, eine Personifikation der Stadt. Der quer zur Längsachse höher liegende Festsaal als repräsentativer Mittelpunkt des Hauses enthält reichlich Jugendstildekoration.

Der auf 2650 Quadratmetern ruhende Koloss birgt mehrere Veranstaltungsräume, in denen kulturelle und gesellschaftliche Events stattfinden. Voraussichtlich bis 2025 saniert das Darmstädter Architekturbüro Waechter + Waechter das Innere der Stadthalle und wird sie noch enger an die Originalgestaltung heranführen. Funktion und Nutzungsart werden sich verändern: Kongresse und Tagungen ziehen ins neue Konferenzzentrum in der Bahnstadt um. Stattdessen wird das Gebäude als Spielstätte vor allem für Konzerte und für das überregional bedeutende Konzertfestival **»Heidelberger Frühling«** aufgewertet, ebenso intensiver für gesellschaftliche Anlässe genutzt. Es soll den Bürgern als »gute Stube« dienen, ein Anliegen, das durch das außergewöhnliche Finanzierungskonzept besondere Berechtigung erhält: Die auf 28 Millionen Euro kalkulierten Sanierungskosten bringen sieben private Großspender auf.

»Heidelberger Frühling«
Das größte Klassik-Musikfestival in Baden-Württemberg gibt es seit 1997. Mit mehr als 700 teilnehmenden Künstlern, etwa 120 Veranstaltungen und fast 50 000 Besuchern hat es sich zu einem wichtigen Treffpunkt der professionellen und innovativen Musikszene entwickelt. Zu den jährlichen Events gehören das »Heidelberger Streichquartettfest«, das »Internationale Musikfestival Heidelberger Frühling«, die Konzertreihe »Kammermusik Plus«, das »Festival Akademie für Liedgesang, Kammermusik, Komposition und Musikjournalismus« sowie die »Heidelberg Music Conference«, eine Tagung für europäische Festivals und Konzerthäuser.

49 | Anatomiegarten

Robert Bunsen
1811–1899, Chemiker. Bevor er 1852 an die Heidelberger Universität berufen wurde, hatte er Professuren in Göttingen, Kassel, Marburg und Breslau inne. Gemeinsam mit Gustav Robert Kirchhoff entwickelte Bunsen in Heidelberg die Spektralanalyse zum Nachweis hochspezifischer chemischer Elemente. Er perfektionierte den Bunsenbrenner und entdeckte damit die Alkalimetalle Cäsium und Rubidium. Auch das Bunsenelement und das Bunsen-Fotometer sind nach ihm benannt. In Heidelberg unterrichtete er mehrere Tausend Studenten, darunter einige später bedeutende Chemiker.

Die Bezeichnung des 1864 dem Vorbild barocker Schlossbauten nachempfundenen stattlichen Friedrichsbaus (nicht zu verwechseln mit dem Friedrichsbau des Schlosses) lautet eigentlich Fridericianum, benannt nach Großherzog Friedrich I. von Baden. In die dreiflügelige Anlage zogen die Universitätsinstitute für Physik, Mineralogie, Mathematik, Technologie und Physiologie ein, in der Beletage lagen Dienstwohnungen für zwei Professoren. Aktuell befindet sich das Psychologische Institut im Friedrichsbau. Die dahinter liegende, 1849 im Klassizismus vollendete Alte Anatomie war das erste naturwissenschaftliche Universitätsgebäude Heidelbergs. Es wurde zweiflügelig und insgesamt noch nicht so repräsentativ geplant wie die spätere Nachbararchitektur.

Auf dem Platz vor der Alten Anatomie fällt das dem Chemiker **Robert Bunsen** gewidmete Bronzedenkmal ins Auge, 1907/8 von dem Karlsruher Bildhauer Hermann Volz geschaffen. Er gestaltete es als Gesamtkunstwerk mit den beiden seitlich des Platzes liegenden Granitsteinfiguren. Diese stellen Allegorien der in der Natur noch ruhenden und dann durch die Naturwissenschaften gebändigten Kräfte dar.

50 | Haus zum Riesen

Für das eindrucksvolle Barockgebäude in der Hauptstraße verwendete Baumeister Johann Adam Breunig 1707 auch Sandsteinquader des zerstörten Dicken Turms der Schlossanlage. Der »Riese« des Namens bezieht sich auf die große Statue von Heinrich Charrasky, die über dem Balkon auf dem Nischensockel im zweiten Stock des mit Kunst- und Kriegsemblemen reich verzierten Mittelrisalits steht. Sie stellt den Bauherrn Baron Eberhard Friedrich Freiherr von Venningen in Ritterrüstung dar, er war kurpfälzischer Generalleutnant eines Jägerregiments. Zwischen 1797 und 1819 beherbergte das Haus einen Gasthof, danach diente es den Universitätsinstituten für Anatomie, Zoologie und als Physikalisches Kabinett. Heute ist darin eine Außenstelle des Instituts für Ur- und Frühgeschichte untergebracht. Eine Gedenktafel erinnert an den Physiker Gustav Robert Kirchhoff, der mit Bunsen die Spektralanalyse zur chemischen Untersuchung von Sonne und Fixsternen entwickelt hatte. Eine zweite Inschrift ist dem Geologen Wilhelm Salomon-Calvi gewidmet, der kurz vor dem Ersten Weltkrieg eine Radium-Solquelle in Bergheim am Neckarufer entdeckte.

Hermann von Helmholtz
1821–1894, Physiker und Physiologe. Die Forschungen des Universalgelehrten brachten die Optik, Akustik, Elektro-, Thermo- und Hydrodynamik wesentlich voran. 13 Jahre lehrte er an der Ruperto Carola, bevor er in Berlin eine Physikprofessur antrat. Bahnbrechend war seine Erfindung eines Augenspiegels, mit dem erstmals die Netzhaut sichtbar wurde, und eines augendiagnostischen Gerätes zur Messung der Hornhautkrümmung. Als Pionier der modernen Meteorologie beschäftigte er sich mit Gewittern, Gletschern und Wirbelstürmen. Die Helmholtz-Gemeinschaft Deutscher Forschungszentren trägt seinen Namen.

Heidelberg. Ein Stadtrundgang
Herausgegeben von Mark Lehmstedt

Text: Andrea Reidt
Lektorat: Kristina Schulze/Lehmstedt Verlag
Karte: OpenStreetMap-Mitwirkende, geodressing.de
Fotos: Günter Müller, außer: Nürnberg Luftbild/Hajo Dietz (U2), Uta Gau (S. 1, 19, 30, 52, 53, 59), Julia Kunze (S. 2), Thilo Ross (S. 12), Kurpfälzisches Museum Heidelberg (S. 18), Friedrich-Ebert-Gedenkstätte (S. 37), Universität Heidelberg – Kommunikation und Marketing (S. 43 o.), Cephas Picture Library/Alamy Stock Foto (S. 43 u.), Thomas Ott (S. 54), studio visuell photography (S. 61), Verlagsarchiv
Gestaltung: Mareike Bardenhagen/Lehmstedt Verlag
Druck: druckhaus köthen GmbH & Co. KG, Köthen (Anhalt)

Umschlag:
1: Blick über den Neckar zum Schloss
2: Brückenaffe an der Alten Brücke
3: Luftbild
4: Herkulesbrunnen
5: Schlussstein am Portal des Ruprechtbaus

1. Auflage 2023
ISBN 978-3-95797-161-6